U0930343

DAYUE 大岳丛书之八

破解城投公司困局

探索中国经济发展基因

李伟 陈民 彭松等著

中国统计出版社
China Statistics Press

(京)新登字 041 号

图书在版编目(CIP)数据

破解城投公司困局:探索中国经济发展基因 / 李伟等著. ——北京:中国统计出版社,2010.8

ISBN 978-7-5037-6037-2

Ⅰ.①破… Ⅱ.①李… Ⅲ.①城市建设-投资公司-企业管理-研究-中国 Ⅳ.①F299.23

中国版本图书馆 CIP 数据核字(2010)第 156101 号

破解城投公司困局——探索中国经济发展基因

作　　者/李伟　陈民　彭松　等著
责任编辑/徐涛　马延博
装帧设计/李雪燕
出版发行/中国统计出版社
通信地址/北京市西城区月坛南街 57 号　邮政编码/100826
办公地址/北京市丰台区西三环南路甲 6 号
网　　址/www. stats. gov. cn/tjshujia
电　　话/邮购(010)63376907　书店(010)68783172
印　　刷/河北天普润印刷厂
经　　销/新华书店
开　　本/710×1000mm　1/18
字　　数/120 千字
印　　张/9.25
印　　数/6001—11000 册
版　　别/2010 年 8 月第 1 版
版　　次/2011 年 2 月第 2 次印刷
书　　号/ISBN 978-7-5037-6037-2/F·2932
定　　价/38.00 元

《破解城投公司困局》

编 委 会

城投公司是中国经济发展的基因吗

国际系统与控制科学院院士
中国系统工程学会理事长　　陈光亚

改革开放三十年来，中国经济出现了突飞猛进的发展，引起了国内外广泛的关注。作为系统科学工作者，我们也一直对中国经济问题进行着思考。

改革开放之初，适逢国际上有关协同学和耗散结构等非线性科学诞生不久，国内部分系统科学工作者也自觉不自觉把视角投向了非线性科学中的自组织理论，试图破解经济的自组织行为问题。

中国经济正在经历从计划经济向市场经济转变的过程，这个转变过程，用现代科学的自组织理论来说，就是增强经济系统的自组织行为，让经济系统回归自身的运行规律，释放大量被压制的生产力。

中国的改革开放走的是渐进式路线，一般是先从增量入手，逐渐解决存量问题。也就是先在过去计划经济比较薄弱的领域进行市场化的改革，当这个领域市场化发育达到一定的程度后，表现为积累了丰富市场化的经验，培养了市场化的人才，积累了足够的资本，再把计划性质比较强的领域，一步步地纳入到市场，让市场一点点吸收这部分市场化程度比较薄弱的领域。

站在自组织的角度来看，中国的渐进式改革就是先让自组织系统自身充分发育，当系统的自组织特性真正建立起来后，自组织系统对周边自组织特性不强的部分不断地消化吸收，最后达到更大范围的自组织行为。

在研究中国经济发展问题时，有一个问题一直在困扰着我们，那就是中国这三十年的进步，生产力水平得到大幅度提升，从国外发展的经验来看，只靠自组织特点，或者说只靠市场经济的自身发育，难于解释中国连续三十年经济高速发展的原因。那么，中国经济的高速发展，除了市场经济释放出的全部生产力带来的经济成长之外，一定还有另外的原因。

今天李伟找到我，希望给他们的新书《破解城投公司困局——探索中国经济发展基因》写个序，又迫使我对中国经济高速发展原因这个问题重新进行思考。书中提出用自组织理论，把城投公司归结为自组织系统慢变量的调控者，从而把中国经济高速发展的基因归结为城投公司。这确实是个大胆的提法，我不好对这种提法发表非常明确的意见。不过，既然谈到发展的基因问题，我们不得不回到熊彼特时代，看一看发展经济学的创始人熊彼特是怎么分析发展基因的。虽然熊彼特在其著名的《经济发展理论》中没有谈经济发展的基因，而是谈经济发展的根本现象，但本质上是探讨经济发展的基因问题。熊彼特认为，企业家的创新精神推动着市场经济的发展，也就是企业家通过创新，打破了现有生产力的格局，形成新的专业化分工，满足了新的市场需求，提高了劳动生产率水平，从而推动经济的发展。

从我们了解到的城投公司来看，她是一个载体，一个由计划经济向市场经济过渡过程中的重要载体，她一直处于市场和政府之间，起到推动市场化发育的作用。公用事业市场化改革有城投公司的作用，城市公共资源的市场化有城投的身影，土地资源的市场化也是城投在其中扮演重要的角色。在推动市场化的过程中，城投公司做了两件事，一是把应该市场化的部分通过创建新的规则实现市场化，另外就是通过自身的创新行为，打破劳动生产力的发展瓶颈，推动新的市场化和专业化的形成，提高了劳动生产率水平，一个新的经济增长点也因此诞生，从而推动了城市的发展。从我了解到的城投来看，这确实是一个富有创新精神的群体，她尴尬的地位和出身，使得这个群体不得不打破很多现实中的制度制约，创造性地解决中国经济发展中的一些瓶颈问题。是不是可以这样说，中国城投公司的创新行为，在推动着城市这个自组织系统的形成，同时调控着城市这个自组织慢变量的发育，从而完善城市系统的功能。如果站在这个角度来看，中国的城投公司是中国经济发展的基因也是有一定道理的。

在现实中，我们也看到，很多城投公司并非自组织系统形成的推动者，也不是慢变量的调控者。我们看到的更多的是政府指令的执行者，政府单纯的融资平台，很多人把其归结为未来中国金融风险的制造者。这些也许是事实，但彼城投非此城投，我们说的城投公司是在理论上进行了抽象的城投，是理想化的城投公司，是城投公司发展的愿景。

开拓思路　勇于创新
推动城投公司科学发展

北京市国资委副主任　王灏

调任北京市国资委之前，我在北京市基础设施投资公司（京投公司）任职总经理。期间在北京地铁四号线 PPP 项目中初识大岳咨询，对其专业水平、严谨作风颇为认可。后又在机场快线、地铁大兴线等 PPP 项目以及房山区长阳镇城市开发项目中多次合作，对大岳咨询的企业文化、价值观以及工作方法有了更深体会。

前些时日，大岳咨询总经理金永祥先生专程来访，一是叙旧，二是希望我为大岳新书《破解城投公司困局——探索中国经济发展基因》作序。叙旧甚欢，但写序之事却让我颇感为难：一来当前我国的城投公司群体庞大，规模、类型、功能等不尽相同，涉及问题方方面面，要将城投公司自身问题概括清楚已是不易；二来单看书名已将城投公司和中国经济发展高度关联，析城投困局，必谈中国经济，实非三言两语之事。书序如何写合适，感到难以把握。

带着疑虑通读了书稿，并与几位主要作者进行了面对面交流，终被作者的社会责任感和激情所感染。且不论书中观点和方法能否为政策制定者和实践者所认同，能够在全国上下对城投公司一片质疑声中大胆站出来说出自己的独特见解，对城投公司提出一个新的认知，开拓业内人士思路，这总是有利于推动经济理论和实践发展的。于是决定提笔写下自己的一点读后感与读者分享，权作书序。

2003 年，京投公司作为北京市轨道交通投融资平台而成立，成立之初即被赋予推动轨道交通领域市场化改革的使命。成立的前几年京投公司不辱使命，成功推动实施了一系列投融资创新工作，保障了北京市轨道交通大规模建设的资金供给。在得到市委市政府充分认可后，根据北京市城市发展战略的安排部署，京投公司又将业务进一步拓展到高速铁路、土地一级开发、城中村改造等多个领域。多年的一线实践工作，使我对书中提出的城投公司是城市发展战略的重要执行者这一定位,深有同感。

城投公司这一特殊群体,是在中国的城市化进程中应运而生并发展壮大的,对中国这些年的城市化进程做出了不可磨灭的贡献。毫不夸张地说,没有城投公司的努力,我们生活的城市不会发生如此日新月异的变化。但客观来说,城投公司的可持续发展确实存在不少问题,比如现在广为社会关注的潜在融资风险,就是这些问题累积的集中体现。究其原因,既有城投公司自身运作的不规范、不成熟,也受制于国家和地方各项配套体制的不完善。如何进行规范,并推动其进一步走向成熟,是国务院 19 号文件给我们提出的一项重大课题。

中国经济的快速发展已是不争事实,但分析快速发展的成因,仁者见仁,智者见智。对于中国经济发展的基因问题,学术性的探讨较多,这些成果多采用西方经济学的工具或范式。大岳咨询作为推动中国经济发展成千上万的实践者之一,通过总结各地政府领导以及城投公司老总的经验和教训,结合非线性科学的成果,提出了城投公司是城市自组织系统中慢变量干预者的观点,这不能不说是一种创新性的提法,是对城投公司以及对中国经济快速发展成因的一种新的理解,是值得鼓励与肯定的。对于自组织系统和慢变量的概念我没有深入研究过,但从北京市轨道交通的建设实践来看,轨道网络的形成对于北京城市的空间拓展和经济社会进步产生了极其深远的影响,是难以通过线性方法简单估量的,体现了更加复杂的作用方式,这与上述观点应有契合之处。

城市经济在中国经济体系内扮演着越来越重要的角色,城市的科学发展,确实需要一批深入实践,又能够将实践成果加以总结提升的智库机构。城投公司与中国经济的关系,是一个有探究价值的大课题,谨希望每一位读者都能够享受到本书给我们带来的头脑激荡,在此与作者、读者共勉之。

落实统筹兼顾　推动城市发展

北京市国土资源局副局长
原北京市房山区长阳镇党委书记　李军

近一两年来猛增的债务把城投公司推到了风口浪尖，城投公司已经成为大家热议的焦点。最近国发19号文的出台，透露出一种规范运作的政策信号。城投公司未来要走向何方？各界都有不同的看法。大岳咨询公司此刻出版的这本新书《破解城投公司困局——探索中国经济发展基因》，可以说是恰逢时宜。

本书采取了一种新的视角，把它置于中国经济发展和城镇化的时代背景下来研究问题，解读城投公司，探讨了其未来的发展方向。其中既有理论又有案例，深入浅出，读起来让人有一种耳目一新的感觉。

长阳镇曾经是北京西南郊区一个较为落后的城镇。2006年的北京市规划调整，为长阳镇的发展提供了机会。但如何化劣势为优势、实现跨越发展？当时面临着种种难题，其中最突出的难题有三个：

一是建设项目统筹问题。镇域规划中虽然明确了需要建设的各类市政基础设施和公共设施。但这些设施该由谁来建、何时建、需要投入多少资金等问题，这些都不是很清楚，需要统筹考虑。

二是建设投入与产出平衡问题。城镇开发需要大量的资金，长阳镇的发展尚在起步阶段，财政实力较为薄弱，不能满足城镇开发建设资金的要求，需要靠自身统筹将社会多元化资本纳入城镇开发体系，合理地解决好开发所需资金的来源、使用、如何收回投资、如何偿还等资金平衡问题。

三是失地农民生存与发展问题。长阳镇镇域规划中针对各村的特点提出了撤村并点方案，实际操作中必然会涉及到农民安置、拆迁补偿、土地整理等具体问题。根据前些年各地开发的经验，在项目实施前，不统筹考虑农民安置等问题，就会重蹈覆辙，出现新的“城中村”和“城边村”现象。如果对失地农民的生存与发展考虑不周，容易出现群体上访事件，给社会稳定和发展埋下隐患。

这些问题哪怕有一个解决不好，都难以实现跨越式发展。我们曾经见过太多城市开发失败的例子，城中村、断头路、拆迁上访等问题比比皆是。那时我们意识到要解决这些问题，必须要统筹兼顾。

但是口头说统筹是没有用的，如何落到实处才是关键。为此，我们与大岳公司合作，提出了用投融资规划方法破解城市建设管理困局的理念，明确乡镇政府应该统筹实施的村庄拆迁和建设项目，设计了建设投资与回收模式，统筹考虑政府、投资人、村集体和农民等多方面的利益，建立了一个很好的盈利模式。

投融资规划编制完成后，我们党政领导班子都十分满意，并达成了共识。接下来是投融资规划的落地问题。领导班子日常决策工作很多，不可能面面俱到。为此我们选择了镇政府的投资公司——长阳兴业投资公司作为实施主体。作为统筹基础设施项目的建设主体和投融资主体。长阳兴业投资公司不折不扣地贯彻落实了领导班子的决策，发挥了十分重要的作用。

如今看来，当时提出构建良好投入产出模式的做法，与国发 19 号文提出城投公司要有自身收益、要有现金流的精神可以说是不谋而合。长阳镇的做法得到了市政府的认可，北京土地储备中心与长阳兴业投资公司合作，开展土地一级开发。经过四年多的发展，长阳镇由当时一个十分落后的城镇，一跃而成为一个明星镇，打造了一个区域增长极，创造了落后地区跨越式发展的典范。与此同时，长阳兴业投资公司不仅实现了现金流平衡，而且协助政府做好了统筹实施工作，实现了区域的快速发展。

长阳兴业投资公司作为城市建设的统筹主体，在长阳镇实现了成功。我相信，这种模式对其他城市是有借鉴意义的。

我国城市化还有相当长的时间，对城市发展的模式将不断会有新的探索，城投公司作为连接政府与市场的桥梁，作为城市发展统筹战略实施的角色仍将持续下去。因此，我们可以说，城投公司在未来仍将有着十分广阔的发展空间。

跨越城投难关

北京大岳咨询有限公司总经理　金永祥

目前,全国城投公司的债务超过了七点五万亿元,按惯性增长超过十万亿元也不是不可能。总体来看,用城投债投资建设的项目很难产生足够的用于偿还债务的现金流,而全国地方政府每年的财政收入只有三万多亿元,城投债问题不只是债务多少的问题,而主要是债务偿还问题。迪拜上百亿美元的债务偿还困难引起了世界金融市场的剧烈动荡,如此巨大的城投债很明显会成为中国经济发展进程中的一道门槛。

监管层已经注意到了城投债问题的严重性,近期下发了国发 19 号文,对政府融资平台进行清理。城投公司是地方政府融资平台的主体,城投以外的融资平台数量不多而且其投资建设的项目多数都能产生现金流,因此 19 号文对城投公司的影响将是至关重大的,可以说城投公司面对国发 19 号文正接受着生与死的考验。

城投公司在过去十年间为中国经济社会发展做出的贡献是有目共睹的。问题在于,绝大多数城投公司从设立之日起就不是规范的组织,而且运营规则也是无序的,很多仅仅是政府为了规避法律限制解决政府贷款问题的工具,出现城投债问题并不奇怪。如果不是由于金融危机,城投公司债务问题不会来得这么快,但迟早会发生。

城投的问题不仅仅是城投债问题,首先是城投在未来中国经济社会中的定位问题。研究城投问题的解决方案也不仅仅是研究城投债的偿还问题,研究城投问题产生的背景和根源可能更重要。城投问题是复杂的,是值得研究的。我们不能坐等城投公司破产,不能接受城投问题阻碍中国社会进步,因此在当下研究城投问题更为迫切。

大岳咨询公司多年来一直为城市政府提供服务,也为很多城投公司做过项目,是国内最了解城投公司问题的机构之一。公司设立的很多研究课题都与城投有关,内部研讨和分享也经常会涉及城投问题。国发 19 号文出台后,几位总监带头对多年的研究成果进行整理并出版了这本《破解城投公司困局》，提出了大岳对解决城投问题的想法。这些信息都来自于第一线，应该对认识和解决城投问题有所帮助。

国际上有分析认为，2020年中国GDP将超过美国跃居世界第一，国人都很憧憬那个时刻的到来。前途是光明的，但道路是曲折的，城投问题就是这种曲折的一种表现。我们认为，中国的快速城市化进程至少还有十年时间，未来的中国仍然需要优秀城投公司存在，甚至城投体制应该成为中国模式的组成部分。

解决城投问题，需要有识之士奉献汗水和智慧，需要认真总结过去十年城投发展过程中的经验和教训，需要有科学的精神和方法，尤其需要全国人民齐心协力、共同承担。

有过去三十年走过风风雨雨的经验，我们坚信城投问题能够得到解决，很多城投公司会继续在地方经济发展过程中发挥不可替代的作用。

前言

城投公司这个群体，与我们的生活息息相关，但是在过去很长一段时期内，始终隐藏在经济发展大舞台的背后，不为社会各界所关注。

大岳咨询公司在为各地政府提供城市发展咨询服务的过程中，逐渐开始接触到城投公司这个群体，并隐隐感觉到这个群体所蕴含的巨大能量和独特价值。从 2005 年开始，我们把城投公司作为重点研究课题之一，写过一系列的专题研究文章，并非正式地汇集成小册子，取名《城投公司向何处去》。

近几年，随着全球经济一体化的深入，中国的经济发展也不免受到全球经济动荡的影响，中央的调控政策频出，城投公司作为地方政府落实调控政策的重要载体之一，其作用也越来越为各界所了解，逐渐从幕后走上了台前。人们突然意识到，这个群体是如此的庞大，控制着如此规模的资产，并承担着如此惊人的负债。

随着希腊等欧洲国家主权债务危机的爆发，人们也把目光转向了国内的城投公司和地方政府的债务风险问题，对城投公司的各种评论和观点集中式地出现在各大媒体和会议，其中以批评之声居多。

作为以城市科学发展为自身研究方向的本土智库机构，我们深深感觉到城投公司蕴含的绝不仅仅是风险，它们的产生和发展实际上蕴含了中国经济发展的智慧，只是有待我们从理性角度加以认识，并在实践层面发扬光大。

适逢国发 19 号文件出台，要求规范地方融资平台的运作，并提出了市场化运作的方向。这一举措引起地方政府和城投公司的集体反思和大讨论，我们也陆续接到了各地方城投公司打来的电话，与我们讨论城投公司到底该怎么发展。

我们感觉到这是一个很好的契机，可以把大岳咨询公司这么多年来为城市发展和为城投公司服务的很多实践和思考系统化地加以总结和提升，把我们的思想贡献出来与大家分享。

本书第一篇“认知还原——追根溯源探城投”，主要从能够获取的公开信息入手,对城投公司的发展概况做了一个全方位的提炼和总结,以期为读者建立一个对城投公司的全面印象,并以中国过去城市化快速发展的三十年为背景,分析几类有代表性的制度改革如何催生了城投公司这样一个群体,并推动其发展壮大。

本书第二篇"价值发现——跳出城投看城投",主要从中国城市发展所面临的各种矛盾出发,以北京市长阳镇的开发工作为蓝本,探讨了城投公司作为统筹主体所起的作用。并将矛盾论这一中国近代本土哲学思想与西方的非线性科学研究成果相对照,提出城投公司是城市自组织系统发展过程中的慢变量干预者,也是城市发展主要矛盾解决者的定位思想,预言了城投公司将不会是过渡性产物,而有着广阔的发展空间。

本书第三篇"重塑规则——拨开迷雾解城投",承继第二篇的观点,从几个角度选取城投公司在现实运作过程中面临的种种困境,分析了这些困境背后的深层次原因,提出了如何为城投公司这样一类经济运行中的特殊群体建立规则,这些规则既包括城投公司发展的外部环境建设,也包括自身业务的运作模式。

本书第四篇"谋划未来——踌躇满志话城投",以中国未来的城市化需求和经济发展模式转型为出发点,以大量国内外的实践案例为基础,展示了城投公司如何规范自身的业务运作,以及如何通过自身的独特定位,推动城市经济的转型。本篇的最后,对城投公司未来的总体走向,也作出了展望。

本书的观点和思想皆来自于实践过程的思考,并力求用非线性科学的研究视角,加以整合和提升。应当说,这是一个崭新的领域,正如中国经济和中国城市的发展一样,并无成熟的模式可资套用。谨希望本书能够引发更多思想的火花,有更多的人能够贡献自己的智慧,推动城投公司科学发展,进而推动城市的科学发展。借用上海世博会的主题,我们深信"城市,让生活更美好"。

中国的城市发展无处不蕴藏着智慧的光芒,成为了大岳咨询公司成长壮大的肥沃土壤。一种深深的社会责任感,也鞭策着我们将自己的所思所想无所保留地贡献出来,回馈给社会,希望能够为城市的科学发展尽自己的绵薄之力。

本书的许多思考,既来自于笔者与各地政府市长及部门领导的交流,也有与诸多城投公司老总之间的思想碰撞,虽无法一一列出感谢,但是我们也不敢专美。本书写作过程中,公司上下也齐心协力,踊跃参与,在此一并表示深深的感谢。

目 录

城投公司是经济改革与中国城市化进程的产物。高额的负债规模将城投公司推向了风口浪尖。随着国发19号文的出台，城投公司正迎来命运的转折点。为了回答城投公司将向何处去的问题，让我们首先走进城投公司的"前世今生"。

第二篇　价值发现——跳出城投看城投

城投公司的队伍不断壮大,并成为社会各界关注的焦点。对城投公司的评论概括起来,可用四个词来形容:“风险源”、“提款机”、“四不像”和“发展基因”。如何看待城投公司?为了解决这些问题,必须跳出城投公司看城投公司。

第三篇　重塑规则——拨开迷雾解城投

实践中城投公司面临的真实困境,是没有真正适用于城投公司的一套规则。本篇将从城投公司发展过程中面临的各种现实困境出发,寻找做好城投公司的规则根源。

第四篇　谋划未来——踌躇满志话城投

城投公司作为中国特色化城市路线的载体，必将在城市建设管理和资产运营等方面起到重要作用。本篇将探讨不同类型的城投公司向何处发展的问题，并对城投公司的发展前景进行展望。

第一篇 认知还原
——追根溯源探城投

城投公司是经济改革与中国城市化进程的产物。高额的负债规模将城投公司推向了风口浪尖。随着国发19号文的出台，城投公司正迎来命运的转折点。为了回答城投公司将向何处去的问题，让我们首先走进城投公司的“前世今生”。

引　子

在我国经济社会快速发展、城市面貌日益更新的今天，城投公司早已不像教科书中的名词那样陌生，它的存在不仅深刻影响着城市发展，甚至与老百姓的衣食住行都有着密切的关系。从 1991 年上海率先成立城投公司算起，近 20 年的发展历程告诉我们，城投公司这一影响中国城市化进程和经济社会发展变革的重要群体，其成长轨迹与我国经济体制改革，特别是与投资体制、财税体制、银行业、开发性金融、土地制度、市政公用事业等领域的改革进程密切相关。

概括一句话来说，“城投公司是中国经济改革与城市化进程的产物”。

截至 2009 年底，全国城市投融资平台已达数千家。这一群体所拥有的资产规模超过了 11 万亿元，占全国 GDP 总量的 1/3(2009 年全国国内生产总值为 33.5 万亿元)；但同时，负债总规模也很惊人，超过 7 万亿元，更有数据显示这仅仅是银行贷款余额，不包括广受关注的城投债等。高额负债的背后，大量城投公司还身缠一些“疑难杂病”，如经营管理不规范、运作效率低下等问题。

2010 年 6 月 10 日，《国务院关于加强地方政府融资平台公司管理有关问题的通知》(国发[2010]19 号，以下简称“国发 19 号文”)出台，对全国范围内各级地方政府融资平台提出分类清理、规范运作的要求，“主要依靠财政性资金偿还债务”的融资平台要“妥善处理”、“剥离融资职能”，主要依靠自身经营偿还债务的平台公司，应通过充实资本金、完善治理结构、引入民间资本等形式推进市场化改造。

在本书付梓之际，城投公司正迎来命运的转折点。中央决策者、地方政府、融资平台乃至大量民众，对于城投的前途深表关切。有的观点认为“城投公司”

将逐渐淡出历史舞台，也有人认为这正是多数城投公司寻求规范发展、做大做强的契机，更多的人则持观望态度。

城投公司的存在价值到底在哪里？城投公司的发展是否已陷入某种误区？城投公司将向何处去？一道道难题有待破解……

让我们首先走进城投公司的“前世今生”，揭开这对于多数人而言的神秘面纱吧！

第一章　城投公司全景扫描

什么是城投公司？这其实是一个不宜过早抛出的问题。原因在于，要给城投公司下定义并不容易。对于城投公司，从不同的角度出发，或以不同的侧重点加以阐释，会得到不同的结论，甚至会有不同的称谓。

什么是城投公司？从不同的角度阐释，会出现不同的称谓。

例如国发 19 号文中，对于城投公司这一群体，锁定为“地方政府融资平台公司”，其中的定义，表现出一种“自上而下”的视角，并且主要是从成立方式、融资功能、风险防控等方面加以界定的。还有很多学者、媒体，包括一些地方政府，出于自身理解或政策诉求，也对城投公司进行了定义。

部分关于城投公司的定义

地方政府融资平台公司，指由地方政府及其部门和机构等通过财政拨款或注入土地、股权等资产设立，承担政府投资项目融资功能，并拥有独立法人资格的经济实体。

——摘自《国务院关于加强地方政府融资平台公司管理有关问题的通知》(国发[2010]19 号)

地方政府融资平台公司，是指地方政府发起设立，通过划拨土地、股权、规费、国债等资产，迅速包装出一个资产和现金流均可达融资标准的公司，必要时再辅之以财政补贴作为还款承诺，以实现承接各路资金的目的，进而将资金运用于市政建设、公用事业等肥瘠不一的项目。

——摘自《地方政府融资平台遍地开花，风险正在集聚》,《财经》2009 年第 12 期

特定目的公司，是以政府出资和资源为基础，以市场化方式运作，承担城乡和经济功能区基础设施开发建设任务的公司。

——摘自《天津市特定目的公司投资项目管理暂行办法》

搞清楚城投公司的定位和职能比为其下定义更有价值。

无论其称谓、定义如何变化，我们或许能窥见其中大致相近的几个共同点，比如"政府的背景"，比如所承担的城市建设任务，又如资金筹集与使用的职能等。在这里，我们并不想从法律、财政或是金融角度，轻易地给出一个城投公司的定义，而是更希望搞清楚城投公司的定位和职能。这正是我们在工作实践中苦苦探索和思考的问题，我们也坚信这比单纯下定义更有价值。

在早前几年，或许除了这个群体本身、地方政府以及从事相关领域专业服务的人士，并没有多少人关注城投公司，更谈不上思考这个领域的问题。然而，最近一两年，它仿佛突然间跃入了媒体和社会大众的视野。城投公司迅速引发关注的导火索，大多聚焦在这一群体的融资和债务风险问题上，这从近期大量媒体报道中可见一斑。

数万亿元地方融资平台负债规模浮出水面

……地方政府融资平台的贷款规模正快速增加。……"考虑到今后两年地方政府后续贷款2万到3万亿元，到2011年末，地方融资平台负债恐将达到10万亿元左右。"中国社科院金融所中国经济评价中心主任刘煜辉测算认为，如果不加重视，保守估计，不出三年融资平台负债总规模将可能翻番。

——摘自《新华网》，2010年5月16日

然而这只是城投公司的一个侧面，特别是各级城投公司债务风险到底有多大，目前也还没有非常权威、具有说服力的结论。因此，为了更加全面地认识城投公司，让我们暂且抛弃固有印象，进行一次全景式扫描。

群体数量庞大——城市间规模各异

我国目前除港澳台地区外，有22个省、5个自治区、4个直辖市，近300个地级市和2000多个县区级行政单位。数千个城市、城镇要建设发展，大量新城、新区被开辟，市镇间、区域间要形成各类交通联络，加

上1000多个大大小小的开发区的建设，几乎都离不开城投公司的身影，由此可以想象城投公司这一群体的数量之庞大。

实际情况更加惊人。根据央行的调研结果显示，2009年5月末，全国共有政府投融资平台3800余家，其中70%以上为县区级平台公司。而据近期相关媒体报道和研究机构报告显示，截至2009年6月，全国各级融资平台高达8221家，其中县级平台高达4907家，占比约60%[①]；全部平台中，“近5000个是在金融危机爆发及积极财政政策方向拟定后成立的”[②]。也就是说，2008年下半年以来，中央为应对国际金融危机，出台“4万亿”投资拉动经济增长计划，其中大部分资金需由地方配套，这一政策背景刺激了地方政府的融资冲动，城投公司数量随之激增。而且，近一两年新增城投公司也多为县区级平台，这部分城投公司多数资产规模有限、偿债风险较大。

城投公司数量庞大，但质量差异巨大。

因此，庞大数量的背后，是质量的巨大差异。

在经济较为发达的城市，城投公司已经呈现出明显的分行业设置的趋向。如在行业内闻名全国的重庆“八大投”，即重庆市八个实力最强的市级城投公司；又如北京市，城投公司之间业务切分得更加细致，数量也更多，截至2010年7月，城投公司已达(企业法人)90家，其中市级22家，区县级68家。由此可见，城投公司数量和规模与其所在城市的经济社会发展水平相关。

城投公司数量和规模与其所在城市的经济社会发展水平相关。

① 数据来源：中金公司相关研究报告。

② 摘自《问责地方融资平台》，《南风窗》2010年第16期。

表 1—1 重庆市“八大投”基本情况

（数据截止 2009 年末）

公司名称	成立/改制时间	资产规模（亿元）	业务领域
重庆市城市建设投资公司	1993 年 2 月	651	路桥等基础设施；土地储备
重庆市开发投资有限公司	1994 年	—	轨道交通；铁路；土地开发；江河整治；环保工程
重庆市地产集团有限公司	2003 年 3 月	592	房地产；土地储备；基础设施等
重庆市水务控股(集团)有限公司	2001 年	124	城市供水、排水
重庆高速公路集团有限公司	2000 年	955	高速公路
重庆交通旅游集团公司	2002 年 12 月	354	公路；旅游项目；土地储备；房地产开发等
重庆市水利投资(集团)有限公司	2003 年 11 月	276	水利工程、城市水务
重庆渝富资产经营管理有限公司	2004 年 3 月	614	资产收购；资产处置；土地储备；产业投资；中介服务等

表 1—2 北京市部分市级城投公司基本情况

公司名称	成立/改制时间	业务领域
北京市公联公路联络线有限责任公司	1998 年 10 月	市政道路
北京市自来水集团有限责任公司	1999 年 8 月	城市供水
北京市首都公路发展集团公司	1999 年 9 月	高速公路
北京城市排水集团有限责任公司	2002 年 2 月	城市污水处理 再生水利用 污泥处置等
北京市基础设施投资有限公司	2003 年 11 月	城市轨道交通 城中村改造等
北京公共交通控股集团有限公司	2005 年 1 月	城市地面公交
北京市热力集团有限责任公司	2000 年 6 月	城市供暖
北京环境卫生工程集团有限公司	2006 年 4 月	城市环卫 垃圾处理等

以上列举的重庆“八大投”和部分北京市市级城投公司，虽然业务领域划分细致，但单个城投公司的资产规模都很庞大，甚至其中很多比起一些地级市的综合性城投公司的规模还要大。

无锡市市级主要城投公司情况

无锡市城市投资发展总公司成立于2001年11月，是无锡市政府直接授权经营的重点国有独资企业集团，履行城市建设资金的筹融资载体和重大建设项目投资主体的职能，注册资金为25.23亿元人民币。

无锡市水务集团有限公司成立于2007年7月，是由无锡市市政公用产业集团有限公司出资设立的国有独资集团公司，是具有投资性质的国有资产经营单位和投资主体。它主要负责自来水、污水资产经营和资本运作以及对自来水、污水项目实施筹资、投资、建设和运营。

无锡市交通产业集团有限公司是于2003年在原无锡市交通资产经营有限公司的基础上整合市级交通经营性资产而成立的国有独资集团型企业，主要职能是运用市场化手段从事授权范围内国有资产的经营和资本运作，包括项目投资和管理、资产收益管理、产权监管、资产重组和经营，是市级交通基础设施投融资、建设、管理和交通运输及相关产业的经营管理主体。

——摘自各城投公司主页

就一些二、三线城市而言，分行业设置城投公司的取向不如大型城市那么明显，但有些经济体量相对较大的地级市，已经开始了这方面的探索，从某种意义上讲，这种状态与大型城市所辖区县一级的城投公司设置情况相仿；而对于大部分三线城市，基于集中城市资源、扩大融资能力等诉求，更多的倾向于设立一个较为综合性的城投公司，作为市本级城建投融资的总平台。

二、三线城市倾向设立一个综合性的城投公司。

地级市综合性城投公司示例

——黄山市城市建设投资(集团)公司

根据《黄山市城市总体规划(2002—2020)》,黄山市定位为“国际性旅游城市,著名的自然与文化遗产地,皖南地区中心城市”。黄山城投的作为城市基础设施投资建设主体、融资总平台以及城市土地储备和一级开发投资实施主体,在黄山市逐步实现现代国际旅游城市目标中发挥了重要的作用。

黄山市城投公司为黄山市的城市建设筹集大量资金,确保了黄山市主要城市基础设施建设的资金需求。公司先后建成了齐云大道、屯光大道、天都大道、迎宾大道等市区主要干道,大大提升了城市综合功能;黄山市民中心、徽文化博物馆等文化基础设施工程也已相继建成并投入使用,以上项目提升了城市旅游功能,对黄山市现代化国际旅游城市建设产生重大影响。

黄山城投未来将继续围绕“发展国际旅游城市”的核心目标,做好中心城区的基础设施建设,整合城市优质资源,做大做强融资平台;探索、开拓经营性业务,增强企业的可持续发展能力。

业务范围广泛——以城市开发为核心

城投公司,顾名思义,它的业务范围围绕“城市”展开。

城投公司的基本职能首先集中在城市基础设施、市政设施、公益设施项目的投融资、建设和运营上。

无论是从成立初衷还是从实际情况看,城投公司的业务,或者说是基本职能,首先集中在城市基础设施、市政设施、公益设施项目的投融资、建设和运营上,而这些作为城市公共产品,政府承担着根本的供给责任,城投公司由政府设立来做这些事情,是顺理成章的。在基础设施领域,城投公司的业务还反映了这一群体特征的复杂性和巨大差异,比如从事铁路、流域治理、能源输送等行业的城投公司,又都超越了单个“城市”的范畴。

其次,几乎全部城投公司的业务,都多少涉及到城市资源的开发与经营,其中最重要的就是土地。近年来,围绕土地做文章,甚至成为了多数城投公司的核心要务。固然基础设施建设本质上也是城市土地开发的前期工作，但很多城投实际承担了土地储备的职能。土地之外，大量城投公司以其深入参与土地一级开发环节等优势，进一步介入了房地产开发业务（经常以子公司为载体）。

此外，城市无形资产的经营，比如户外广告、基础设施冠名等方面，近年也逐渐被各地关注和相互效仿，并逐渐纳入到城投公司经营城市资源的范围；还有城市发展的一些特殊载体，如开发区、新城、港口以及填海造城等，也都是城投公司大显身手的舞台。

表1—3　2009年发行城投债的城投公司业务领域

业务类别	业务领域
市政基础设施及公用事业	铁路；公路；市政道路；桥梁；水务；供热；燃气；电力；垃圾处理；地面公交；轨道交通；河道及水域治理；防灾设施等
城市公益性项目	园林绿化；保障性住房；市民中心；体育场馆；医院；学校；政府事业单位用房建设；市容整治等
其他城市经营	城市设施冠名权经营；城市场地经营；城市户外广告经营等
房地产开发	土地整理储备；园区土地开发；旧城改造；居住、商业或混合地产二级开发；物业管理；滩涂开发；围垦项目；港口、码头开发等
建筑行业	建设项目管理（代建）；工程施工；工程设计；建设项目/工程咨询、监理；建材销售等
金融行业	产业投资基金；担保；资产租赁；参股商业银行等
其他行业	环保；物流；会展、广告、传媒；酒店；汽车服务；旅游；有色金属；化工；能源开发；内外贸易；五金交电；日用品生产与销售等

由此可见，城投公司的业务主要还是以城市开发建设为核心，又几乎囊括了与之相关的所有领域。城投公司与城市之间密不可分的关系由此可见一斑。

设立缘由多样——源于政府战略诉求

接下来让我们了解一下城投公司成立的背景和特点。

回顾历史，有两个时间段是各地方城投公司成立的高峰，一个是1999—2003年，另一个是2008—2009年。两个时间段有不少相似的背景，比如都是在中央出台投资拉动经济增长的战略和实施计划之后，为应对大量基础设施等项目建设的资金需求，地方政府设立融资平台，反倒可以看成是在现行体制约束下的必然选择。

作为企业法人实体的城投公司，其组建、成立的方式也是多种多样的：有的是通过事业单位改制，有的是地方政府直接发文、注资设立，有的是几家国有企业共同出资组建，有的是在政府的统筹推动下将若干国有资产整合重组……

城投公司的设立一般都托生于地方政府的目标诉求。

综观全国数千家城投公司的成立情况，有一个很重要的特征，即城投公司的设立一般都托生于地方政府的目标诉求，这些目标可能受到特定时期经济形势和政策背景的影响，可能源于城市特点或政府意愿，也可能是针对强化城投公司投融资能力的一般性考虑。不同的目标诉求，直接影响着城投公司成立的时机和方式。

一些城市，依托于特有的资源禀赋或发展机遇，或者为应对亟待解决的问题，政府会提出特定的战略目标，并锁定一系列投资项目。政府通常选择为此设立一个城投公司，作为投融资平台来承担战略落实工作。如果这一目标可利用现有部分城市资源或国有资产，则政府会推动相关资产的整合重组。

区域战略催生城投公司的设立与重组

——河北省“三年大变样”

2008年以来，河北省提出“三年大变样”的战略，谋划出1200亿元投资项目，其中又以城市建设改造项目为重点；为对接并落实这一战略，省内各级政府纷纷加大力度搭建、重组投融资平台，或加大相应的扶持力度。以石家庄市为例，2008年当年，经重组设立了六个市级投融资平台，并牵头推动市域内各县(市)、区分别搭建融资平台。

也有很多城市，在既有发展战略体系的引导下，着眼于增强现有平台的融资能力，撬动更多社会资金，通过资产重组等方式，配合各类资本注入，做大城投公司的资产规模，用以支持城市建设与核心产业发展。

以做强融资平台实力为目标，重组城投公司

——合肥建投集团的重组

2006年5月，根据合肥市政府《关于组建合肥市建设投资控股（集团）有限公司的通知》、合肥市国资委《关于同意组建合肥市建设投资控股有限公司的通知》，在整合合肥投资控股有限公司、合肥交通投资控股有限公司、合肥市建设投资公司原有业务和资产的基础上，合肥市政府注入资金成立合肥市建设投资控股（集团）有限公司，构建合肥市统一的市政基建投融资主体。

城市战略引导下新设立城投公司

——南宁建宁水务集团，打造“中国水城”的新载体

2009年7月，南宁市委下发《关于加快建设区域性国际城市和广西“首善之区”的决定》，再次提出要“做好‘水’的文章，扎实推进城市水系建设，优先推进南湖——竹排冲核心圈项目建设，加快城市内河综合整治，建设滨水景观带，构建现代亲水城市，打造‘中国水城’。”在此背景下南宁市政府下发《关于印发构建南宁市水务建设投融资平台方案的通知》，按照现代企业制度，组建了南宁建宁水务投资集团有限责任公司。

融资模式多元——传统与创新并举

城投公司之所以能够在我国城市化进程中发挥如此巨大的作用，完成规模庞大的投资任务并逐渐发展壮大，地方财政的支撑作用固然非常重要，但成功的融资实践更加功不可没。

融资，本身就是城投公司最基本的职能和责任。近年来，各地城投公司从最普遍的银行贷款到复杂的金融工具创新，从利用股权改制引入社会资本到在境内外上市，在融资模式上进行了广泛的探索与尝试；与此同时，开发性金融的引导和国内金融市场的不断发展，客观上也给予城投公司推进融资实践提供了舞台。因此，关注融资行为是了解城投公司的重要途径。

银行贷款——老牌劲旅

银行贷款是城投公司最主要的资金筹集方式，2008年以来的“4万亿”刺激计划进一步导致贷款余额迅猛增长。

银行贷款是城投公司最主要的资金筹集方式，占债务融资总体规模的比重非常大。作为应用最为普遍的间接融资方式，银行贷款可筹资规模大，能够较好地满足市政基础设施建设投资的巨额资金需求；相对于其他融资方式，银行贷款在资金用途、偿还期限、利率约定、担保条件等方面非常灵活，融资程序也相对简单。

2008年以来，为了应对国际金融危机，中央政府出台了“4万亿”经济刺激计划。其中中央财政出资约1.8万亿元，其余部分需各级政府融资筹集，城投公司在这一过程中必然地成为了地方政府融资的主力军，导致了贷款余额迅猛增长的局面。截至2009年末，地方政府融资平台贷款余额高达7.2万亿元，约占国内银行总贷款的18%；其中3.7万亿为2009年新增贷款，短期内增长幅度惊人[①]。

国家开发银行、四大国有商业银行和城市商业银行是为地方融资平台放贷的“主角”。

从贷款机构来看，国家开发银行、四大国有商业银行和城市商业银行是为地方融资平台放贷的“主角”。按照央行的统计口径，截止到2009年底，共有2079家地方融资平台在国开行有贷款余额，贷款余额达到2万亿，与四大商业银行持平，源于城商行的贷款余额则达到约2.2万亿；此外，各股份制银行约8000亿元左右，全国农村合作金融机构约为2046亿元。

---

① 数据来源：中金公司相关研究报告。

从分布的区域来讲，2009 年末 7.2 亿贷款余额中，经济发达地区所占比例较高，仅长三角、珠三角和环渤海地区的城投公司贷款余额就分别占到 30%、11%和 20%；从贷款余额分布区域的行政级别来看，县级以上平台贷款余额占比高达 75%。可见，行政级别较高、经济较发达的省、市城投公司是“贷款大户”。

行政级别较高、经济较发达的省、市城投公司是“贷款大户”。

表 1—4　金融机构 2009 年针对地方融资平台放贷情况

金融机构	贷款余额（亿元）	贷款投向（区域及比例）	贷款投向（项目）
中国银行	5350	省级平台：27% 市级平台：44% 县级及以下平台：8%	公路、桥梁、铁路：28% 其他交通运输行业：27% 开发区：18% 土地储备：12%
工商银行	7200	未披露	
建设银行	6460	省/市级平台：80% 县级及以下平台：20%	未披露
交通银行	1393	省/市级平台：83% （其中 60%的贷款投向为北京、上海、天津、江苏和浙江）	未披露
招商银行	721	省/市级平台：75% 县级及以下平台：25%	城市基建项目：37% 交通运输：18% 土地储备：10% 其余发放给开发区和政府资产管理公司
华夏银行	——	浙江、江苏、上海和北京等地：70% 其余地区：30%	未披露
民生银行	——	环渤海、长三角、珠三角城市和西部地区省会城市：68.4%	未披露

资料来源：高华证券研究报告

城投债——融资“新宠”

相比于实业公司主体所发行的企业债、中票等，城投债的发行目的主要是解决地方政府城建资金不足的问题，其还本付息最终要靠地方财政“兜底”，因此城投债也被称作“准市政债”。

2009 年地方城投债发行数量和规模迅猛增长，城投债一跃成为地方融资平台的重要融资方式。

由于金融工具对于发行主体资信水平要求较高，所以 2008 年以前，城投债发行主体主要是成立较早或实力较强的直辖市、省会城市的城投公司，其总数也不多。2009 年 3 月 23 日，央行和银监会公布了《关于进一步加强信贷结构调整促进国民经济平稳较快发展的指导意见》，提出了“支持有条件的地方政府组建投融资平台，发行企业债、中期票据等融资工具，拓宽政府投资项目的配套资金融资渠道”。这一背景下，地方城投债发行数量和规模迅猛增长，城投债一跃成为地方融资平台的重要融资方式。2009 年全国共发行 143 支城投债，发行额度累计约 2138 亿元，为 2008 年发行总额的 5 倍之多。

表 1—5　2009 年城投债发行总体情况(分类别)

类　别	发债城投(个)	发行数量(支)	发行金额(亿元)	平均规模(亿元)	平均利率(%)	平均年限(年)
企业债	103	107	1452.5	13.57	5.87	7.32
短期融资券	14	21	359.0	15.76	2.37	1
中期票据	11	15	326.0	21.73	4.15	4.93

从 2009 年城投债发行主体来看，地级市城投公司占比最多，不少三线城市的城投公司也加入到城投债的发行行列中，甚至少数区县级融资平台也成功发行。

从发行主体信用级别来看，明显还是财政实力较强的直辖市、省会级信用级别高于二、三线城市，经济较发达的东、中部地区信用级别好于西部等欠发达地区。

表 1－6　2009 年企业债发行情况(按发债主体分类)

行政级别	发债城投（个）	发债城投总资产（亿元）	平均资产规模（亿元）	发行总规模（亿元）	平均规模（亿元）	平均期限（年）	平均利率（%）
省/直辖市	16	11232.68	702.04	341.0	17.95	7.74	4.83
市级	58	9489.76	163.62	787.0	13.34	7.42	6.22
区县级	29	3524.30	121.53	324.5	11.19	6.83	6.12

经历 2009 年的"疯狂"后，城投债在 2010 年遭遇到宏观调控的深刻影响。6 月初 19 号国发文出台后，发改委甚至直接叫停城发行投债，长达 1 个月后才又"放行"。可以预见，随着相关政策的陆续出台和地方债务风险防控机制的完善，城投债的发行将可能受到更加严格的规范。但只要企业良性运行、财务指标合格，仍具有一定的操作性。

城投债在 2010 年遭遇到宏观调控的深刻影响，城投债的发行将受到更加严格的规范。

表 1－7　各类城投债简介

	企业债	短期融资券	中期票据
定义	● 企业债券是企业依照法定程序发行，约定在一定期限内还本付息的债券。	● 短期融资券指企业在银行间债券市场发行和交易并约定在一年期限内还本付息的有价证券。	● 中期票据是指具有法人资格的非金融企业在银行间债券市场上，在注册期限内按照计划连续、分期地以公募形式发行的，约定在一定期限还本付息的债务融资工具。
特点	● 须经国家发改委核准后发行； ● 可在银行间市场和证交所发行，债券可流通，发行额度可较大；发行期限一般为 5－30 年； ● 一般采用固定利率，不得高于居民储蓄定期存款利率的 40%等。	● 只能在银行间债券市场发行并流动； ● 发行期限一般为 1 年； ● 采用备案发行制方法； ● 融资券发行采用承销方式等。	● 银行间市场发行，可流通； ● 在中国银行间债券市场交易商协会注册后即可发行； ● 发行条件较为灵活，额度限度内可多次发行； ● 期限一般为 3－5 年； ● 利率一般低于同期银行贷款； ● 发行无需担保； ● 用途没有特殊限制等。

续表

	企业债	短期融资券	中期票据
约束条件	●发行企业的净资产不低于人民币 3000 万元(股份有限公司); ●发行前连续三年盈利,且最近三年可分配利润(净利润)足以支付企业债券一年的利息; ●发行额度不超过最近一期审计报告中净资产的 40%; ●资金投向有一定限制等。	●具有稳定的偿债资金来源,最近一个会计年度盈利; ●企业流动性较好; ●发行融资券募集的资金用于本企业生产经营等。	●对于企业盈利能力、现金流获取、净资产等方面并无规定,但目前一般需要主体信用评级至少达到 AA; ●发行额度不超过最近一期审计报告中净资产的 40%等。
实施评价	●改为备案制后,企业债发行操作有所简化,但总体限制性条件较多,一般需要资产抵押或第三方担保发行,且发行周期较短融和中票长。	●发行限制较少,门槛不高; ●融资成本低于银行贷款利率; ●在额度和期限规定内,企业可自主决定发行的金额、利率和期限; ●企业可根据自身情况决定是否需要担保。	●操作简化,发行灵活,资金用途广泛; ●是资信水平较好的城投公司较适宜实施的融资创新工具。

融资创新——强者舞台

除了银行贷款和城投债,城投公司还在不断探索项目融资、民间资本引入、金融工具创新等。

近几年来,一些城投公司重视融资渠道的拓展和融资模式的探索,除了银行贷款和城投债,在项目融资、民间资本引入、金融工具创新等方面,积累了较为丰富的经验。

在项目融资方面,各地 BT(建设－移交)、BOT(建设－经营－转让)、TOT(移交－经营－移交)、PPP(公私合作制)等项目融资方式的实践案例层出不穷。站在公用事业市场化改革最前沿的城投公司,成为了项目融资最主要的实施主体。以北京地铁四号线 PPP 项目为例,该项目不仅吸引香港地铁等社会投资人承担了 50 亿元投资、建设及运营任务,而且从整体上带动了北京市轨道交通建设效率和运营服务水平。

在股权层面的融资探索，主要集中在部分市政行业城投公司的股权改制，股权信托计划等融资工具创新，以及部分城投公司借壳上市的实践。这其中，深圳水务集团的引入威立雅水务战略投资，北京基础设施投资公司200亿元的股权信托资金计划，上海、重庆、云南城投公司的上市等，为业界所广为关注。

此外，为数不少的城投公司在保险资金的利用、信托计划、国际金融机构贷款、项目融资租赁、利率期权、出口信贷、票据贴现、银行承兑汇票等方面进行了大量的融资模式的探索，形成了一定数量的成功案例，在地方政府、城投公司领域内被相互借鉴。

我们无意系统性地介绍各种融资创新模式，在肯定这些成功经验的同时，还应当看到，绝大多数成功创新的案例均来自于规模较大、发展态势较好的城投公司，而这些公司主要来自经济发展水平较高的地区和城市。占城投公司总量比例较大的三线城市城投、县区级平台公司，融资模式仍主要集中于开行贷款、商业银行贷款。

融资创新，现阶段仍是“强者的舞台”。虽然它能够撬动更多的资金或有效降低融资成本，但对于这些“强者”，需要更加重视规范运作、防范风险，这也是创新者所须付出的“有益代价”。

融资创新是强者的舞台，但应规范运作，重视防范风险。

债务规模巨大——潜在的风险与责任

伴随着融资能力的不断提升，城投公司债务规模的增长速度也是惊人的(毕竟纯粹的股权融资对于城投公司这一群体来说，成功实践和可利用模式较为有限)。前面我们已经列举过相关机构统计的近期全国融资平台债务余额等相关数据，下面以一家城投公司的审计报告为例，从中管窥这个群体近年来负债规模的膨胀趋势。

表 1—8　某城投公司近年资产负债变化情况

单位:万元

科　目	2009 年 6 月末	2008 年末	2007 年末	2006 年末
资产总计	732243.79	443858.90	77074.35	38489.33
负债总计	457650.78	171651.81	51028.14	20504.16
所有者权益	274590.30	272207.08	26046.21	17895.17

进入 2010 年,中央通过各种调控政策对这种债务激增的趋势踩了刹车;6 月,国发 19 号文的出台,彻底宣告了城投公司融资"盛宴"的收场,而城投公司已经背负的债务颇为引人关注。

审计总署关注地方融资平台债务和政府偿债风险

地方政府性债务总体规模较大,融资平台公司的政府性债务平均占一半以上。审计调查的 18 个省、16 个市和 36 个县本级财政,截至 2009 年底,政府性债务余额合计 2.79 万亿元。其中:2009 年以前形成的债务余额为 1.75 万亿元,占 62.72%;当年新增 1.04 万亿元,占 37.28%。……这些地区共有各级融资平台公司 307 家,其政府性债务余额分别占省、市、县本级政府性债务总额的 44.07%、71.36%和 78.05%,余额共计 1.45 万亿元。

……上述地方政府性债务中,政府负有直接偿债责任、担保责任及兜底责任的债务分别为 1.8 万亿元、0.33 万亿元和 0.66 万亿元,分别占债务总额的 64.52%、11.83%和 23.65%。从债务余额与当年可用财力的比率看,省、市本级和西部地区债务风险较为集中,有 7 个省、10 个市和 14 个县本级超过 100%,最高的达 364.77%。从偿债资金来源看,2009 年这些地区通过举借新债偿还债务本息 2745.46 亿元,占其全部还本付息额的 47.97%,财政资金偿债能力不足。

——摘自《2009 年度中央预算执行和其他财政收支的审计工作报告》,国家审计总署

目前,还没有对于城投公司总体债务情况的准确、权威的统计数据。根据银监会公布的数据,截至 2009 年末,地方政府融资平台贷款

余额为7.38万亿元[①]，同比增长70.4%。如果加上城投债等，全国城投公司债务余额将至少超过8万亿。

近日，国家审计总署对部分地区融资平台债务情况也进行了调查，结论与主要媒体和相关机构相类似，即债务规模的巨大，由此造成部分地方政府的偿债压力较大。

地方融资平台债务规模巨大，造成地方政府偿债压力较大。

为什么城投公司的债务成了地方政府的责任呢？我们知道，城投公司由政府设立，城投公司用以融资的资产和信用，绝大多数直接或间接来源于政府；由于城投公司的主要业务更多的还是属于公益性项目，其偿债资金除少部分来自项目自身现金流外，仍需依靠财政性资金，包括人们所熟知的土地出让收入，其本质上也属于财政基金预算收支范畴。

因此，城投公司虽然是独立的企业法人主体，但其与地方政府的关系甚为特殊，它的诞生来源于政府的目标诉求，它的融资依靠政府的支持，融来的资金为实现政府及城市的战略服务，其中的风险自然需要政府妥善应对。这也正是中央政府做出清理城投债务和规范城投公司发展决策的基本前提。

对于城投公司这个庞大的群体，尽管我们暂时还无法从统计和数据角度对其做出十分详尽的描述，但通过以上几个角度的全景式扫描，我们大致可以得出如下结论：

- 城投公司就在我们身边，不仅深刻影响城市的建设发展，而且我们的衣食住行背后也都有城投公司的贡献；
- 城投公司群体数量和资产负债规模庞大，业务范围涵盖了与城市建设发展相关的多类行业，其对经济社会发展的影响力，不亚于中国任何一类企业；

---

① 这一统计口径与中金公司公布的数据相近。

- 城投公司因设立目的、所在城市发展模式的不同，在业务领域、产权结构等方面呈现多样性特征；
- 城投公司作为城市化进程的重要参与者，是多种利益协同、交互甚至对抗的载体，在业务发展过程中，与政府部门、金融机构、资本市场、社会投资人、广大民众等都存在密切的关系；
- 城投公司与一般的国有企业相比，在历经 20 年的风雨后，仍处于快速发展变化当中，未来发展的不确定性因素更多。

很显然，这样一个群体，绝不可能是“忽如一夜春风来，千树万树梨花开”，没有强大的动因，也不可能发展到如此规模。到底有哪些因素成为了城投公司群体发展壮大的助推器呢？让我们回过头，去追溯城投公司产生、成长、壮大的时代背景和制度环境吧。

第二章　城投公司溯源

城投公司这一影响中国城市化进程和经济社会发展变革的重要群体，其成长轨迹与我国经济体制改革，特别是投资体制、财税体制、银行业、开发性金融、土地管理、市政公用事业等领域的改革进程密切相关。

城投公司的成长轨迹与我国经济体制改革进程密切相关。

20 世纪 90 年代初，国家开始系统性地推动投资体制改革和城市化进程。包括上海、重庆、广州等一些大型城市，率先探索通过设立平台公司来运作城市建设投资项目。但最初的城投公司，主要由财政、建设等政府部门共同组建，公司和项目的资本金由财政拨款解决，向银行贷款由财政担保，可以说是较为单纯的融资平台。

其后几年，早期成立的城投公司历经《担保法》出台、银行体制改革等重要制度变革，替代地方政府实施城市开发建设投融资的职能逐渐清晰化，并已承担起相关国有资产经营的责任。

90 年代末，随着一轮大规模基础设施建设浪潮，城投公司获得较大发展，有些依托一个新区或开发区成为区域性的基础设施投融资建设主体，有些发展为集投融资、建设、运营等职能为一体的综合性平台企业。

21 世纪以来，城市化进程进一步加快，公用事业市场化、土地制度深入改革以及城乡统筹战略的提出，使得城投公司普遍在市政公用事业、土地储备开发乃至房地产等领域获得了更大的发展空间。与此同时，各地城投公司开始逐步探索股权多元化、融资创新和业务模式创新的实践，发展较好的城投公司开始有了部分自营性业务/项目。

城投公司最近一次勃发始于2008年下半年。在“4万亿”投资计划引导下，货币政策较为宽松，加之地方政府的积极推动，城投公司迎来了一个迅速壮大的机会，不仅新设立城投公司的数量巨大，而且债务规模陡然猛增。当然，这一时期的城投公司也为我国走出国际金融危机和推进城市化进程贡献了力量。

综观近20年的发展，城投公司从无到有，从小到大，从少到多，始终受到中国经济体制改革和不同时期宏观调控政策的深刻影响。回顾波澜壮阔的改革历程，透过浩如烟海的会议、政策、文件，以及诸多影响深远的论争与事件，我们尝试抽炼出其中的若干脉络，发掘城投公司所留下的成长烙印。从中，我们也可以比照城投公司发展到目前所呈现出的特点和所存在的问题，去探寻它们的体制根源。

从“草台班子”到董事会

2010年8月的一天，上海城投公司在位于上海永嘉路18号的公司总部大厦召开公司董事会。这一被上海城投员工们看来再寻常不过的行为，放在1991年，上海城投成立之初，恐怕是想都不敢想的。

……

计划经济时期和改革开放初期，城市基础设施建设主要由中央政府统筹实施。

让我们回到城投公司诞生之前。那时，城市基础设施建设从决策到实施具有明显的“计划经济体制”色彩，资金来源也相对单一。

在计划经济体制时期和改革开放初期，我国城市基础设施建设主要由中央政府统筹实施。基础设施项目投资决策权由中央政府控制，仅“大跃进”时期和文革中期有过短暂“下放”；建设资金来源于税收、企业利润、固定资产折旧和少量国债（20世纪50年代），而且全部由中央政府统筹安排、调度。

地方政府直至1967年才部分地分得固定资产的折旧资金，1983年才开始拥有1000万元以下的项目审批权限。

在基础设施建设管理方面，一般由政府指定建设单位并任命领导人，建设单位多采取“指挥部”形式，指挥部不是法人，而是类似“草台班子”，项目建成后就撤销，因此不对项目终身负责；建设单位将建设设计和施工作为任务下达给政府指定的设计单位和施工单位。这种体制，不利于控制投资，常出现超预算。

……

1991 年的上海城投，还是一家“正局级”的事业单位。成立之初，并没有多少人愿意调到这样的单位工作，因为人们不知道这是否会是又一个“草台班子”，不确定它什么时候就要解散。然而，谁都没想到，这个“草台班子”在接下来的 16 年时间里，成功地实现了“用 1 分钱撬动社会投资 3 分钱”，累积为上海完成融资 3000 亿元，撬动社会投资近 1 万亿元。上海城投也因此成为了城投公司的发展样本。

时至今日，上海城投已拥有一家上市公司（城投控股）和 21 家直属单位，2.5 万余名员工；以路桥、水务、环境和置业为四大核心主业；截至 2008 年末，总资产达到 2102 亿元，净资产 970 亿元，注册资本从成立之初的 10.2 亿元增加到 204 亿元。

投资体制改革——生长的制度土壤

投资体制改革对地方政府投资责任范畴的逐步确定，是城投公司事权来源的重要依据。

我国的投资体制改革，始终围绕着两条主线：一是逐步认可并推进市场对资源配置的作用，划分政府与市场的责任边界，使政府的投资范围限定在维护国家安全或市场不能有效配置的领域，即公益性、基础性项目；二是逐步推进投资决策权的分散，体现为中央政府投资范围不断收缩，中央政府控制跨区域或影响国计民生全局的项目，地方政府的投资事权及决策权逐步增加并清晰化。

“谁投资、谁受益”这个重要原则，在投资体制改革历程中被反复提及并逐步强化。地方政府作为所辖行政区域内落实公民权益的重要责任实体，对于能够使民众“受益”的地方性公共产品，地方政府承担了直接的供给责任。这就是城投公司作为地方政府投资职能延伸主体的事权来源。

投资体制改革对地方政府投资主体的政策导向，使城投公司逐步成为从事地方性公共产品投融资的企业法人主体。

投资体制改革的历程中，不断强化企业投资主体的定位，因而在地方基本建设投资主体的定位上，政策演进的导向是促使原有纯政府性、临时性的“指挥部”式主体向“企业法人主体”转变。1992年国家计委推行建设项目业主制后，根据相关政策对业主责任范畴的规定，使“企业”区别于传统建设主体形式的优越性愈加显现；1993年十四届三中全会强调建立现代企业制度，推动了各地融资平台公司不断依照企业化运作模式发展。城投公司作为从事地方性公共产品投融资的企业法人主体的定位得以逐步巩固。

此后，投资体制改革对于政府投资行为的大量制度安排，如建设项目业主制、固定资产投资项目资本金制度、建设项目招投标制度等，不断促进城投公司走向规范化运作。时至今日，城投公司作为地方政府投资主体，在资金管理、审批程序、组织实施等方面仍然延续着这些政策框架。

表1—9　投融资体制改革重要政策简述

年度	政策/会议/事件	意义/评价
1984	国务院《关于改革建筑业和基本建设管理体制的若干问题的暂行规定》和国家计委《关于改进计划体制的若干暂行规定》	初步划出政府投资领域的界限，以及国家和地方的投资责任； 提出地方可建立城市综合开发公司等。
1988	国务院《关于投资管理体制的近期改革方案》	进一步划分中央与地方投资界限； 提出建立国家专业性投资公司等。
1992	十四届三中全会《关于建立社会主义市场经济体制若干问题的决定》	区分公益性、基础性和竞争性项目，分别明确投资主体； 强调建立现代企业制度等。

续表

年度	政策/会议/事件	意义/评价
1996	国务院《关于固定资产投资项目试行资本金制度的投资》和国家计委《关于实行建设项目法人责任制的暂行规定》	逐步规范城投公司投资、建设行为。
1999	《关于加强基础设施建设资金管理和监督的通知》	
2003	十六届三中全会《中共中央关于完善社会主义市场经济体制若干问题的决定》	提出新时期投资体制改革基本方向。
2004	《国务院关于投资体制改革的决定》	现阶段投资体制的综合性、纲领性文件； 确定企业投资主体地位，规范政府投资行为，改进政府对投资活动的宏观调控及监管等。

财税体制改革——存在价值的制度根源

1994年，“分税制”改革的实行，建立了符合社会主义市场经济发展要求的新型财税制度。这次改革明确了中央和地方的财权与事权范围，打破了旧体制下中央政府总体上“统收统支”的局面。所谓“事权”，实际上主要指政府在提供公共产品中的支出责任和义务。分税制改革所明确的地方政府的事权中，“地方统筹的基本建设支出”和“城市维护建设支出”等，直接与城投公司的事权范围相对应；而分税制下地方政府的“财权”，对于其后城投公司的发展也具有决定性的影响。因此，分税制财政体制为城投公司的发展奠定了重要的制度基础。

“分税制”改革对地方政府事权财权的明确，为城投公司的发展奠定了重要的制度基础。

表 1—10　分税制财政体制下中央与地方的财政收支的权利划分

	中央财政	地方财政
税收权利范围	1. 消费税 2. 铁道部门、商业银行和保险公司的税收 3. 外国和合资海洋石油企业所得税、营业税和特许权使用费 4. 能源和运输基金收入 5. 经贸委、电力公司、中石化总公司和中国有色金属总公司营业税 70%部分 6. 关税、进口增值税和消费税	1. 中央不参与共享的增值税 2. 集市交易税 3. 城市维护建设税 4. 城镇土地使用税 5. 车船使用税 6. 经贸委、电力公司、中石化总公司和中国有色金属总公司营业税 30%部分 7. 土地增值税 8. 教育费附加 9. 农牧业税 10. 房产税 11. 资源税 12. 补税罚款收入
共享税收	1. 增值税(75%归中央,25%归地方政府) 2. 企业所得税(60%归中央,40%归地方政府) 3. 个人所得税(60%归中央,40%归地方政府) 4. 自然资源税 5. 对计划外的用自有资金投资的基建项目所征得建设税 6. 盐税 7. 证券交易税(中央、地方各占 50%) 8. 工商税、外资和合资企业所得税	
财政支出范围	1. 国防、武警经费 2. 外交和援外支出 3. 中央行政管理费 4. 中央统管的基本建设支出 5. 中央直属企业改造更新 6. 地质勘探费用 7. 中央财政安排的支农支出 8. 国内外债务的还本付息 9. 中央本级负担的公检法支出 10. 中央本级负担的文化、教育、卫生和科学支出	1. 地方行政管理费 2. 公检法支出 3. 部分武警经费 4. 民兵事业费 5. 地方统筹的基本建设投资 6. 地方企业改造更新 7. 支农支出 8. 城市建设维护费 9. 地方文化、教育、卫生支出 10. 价格补贴和其他支出

地方城市建设负债需求促进城投公司的发展。

分税制使我国地方政府的收支边界清晰化,各个地方成为了相对独立的"区域经济体"。地方政府作为引领区域经济社会发展的责任主体,天然具有提供城市基础设施等地方性公共产品的积极性,而后者本身具有投资回收期长、外溢效益大等特点,适宜通过财政撬动社会资金来落实项目建设。地方政府的负债需求由此产生。

而地方政府的负债需求，在财政预算体制以及相关法律法规的双重约束下，为城投公司的发展提供了直接动力。《预算法》规定，“地方各级预算按照量入为出、收支平衡的原则编制，不列赤字。除法律和国务院另有规定外，地方政府不得发行地方政府债券”。而 20 世纪 90 年代末的银行业改革，又堵死了地方政府从地方商业银行获取城建资金的路径。加之随着投资体制改革的深入，企业投资主体被不断确立，地方政府为缓解基础设施建设的资金压力，不得不以城投公司作为融资平台去筹集资金，弥补提供公共产品服务的资金缺口，这种“曲线救国”的实践，确立了城投公司代表地方政府在城市建设发展中的重要地位，大大促进了其发展与壮大。从这个角度上讲，现行财税体制成了城投公司存在价值的制度根源。

银行体制改革——从后备军到主力部队

从 1979 年国务院推行“拨改贷”开始，计划经济时期城市建设投资由政府财政无偿拨款的模式退出历史舞台，建设资金的短缺相应地成为了地方政府的难题。而从金融市场融资，特别是向银行机构贷款，逐步成为了地方政府筹集城建资金的重要渠道。

银行体制改革堵死了地方政府不规范地从地方分行获取资金的捷径，使城投公司迎来了发展的黄金期。

改革开放早期，我国银行体制改革的路径是从“一元化”向“多元化”的转变。1979 年起，中国农业银行、中国银行、中国建设银行相继恢复成立或独立运营；1984 年，以储蓄业务为主的中国工商银行成立，至此，以央行和四大国有商业银行为主的“二元银行体系”初步建立。

当时，银行管理制度体系还未完善，贷款经营权也仿照行政级别按照省、地、市、县分权，加之当时银行技术手段较为落后、管理能力不足，总行对各地方分行总体约束力也不强，商业银行地方分行依附于地方政府，演变成地方政府的准财政部门，或说是“小金库”。地方政府可以通过行政干预等手段，从本地一级的商业银行获得大量贷款。由此导致若干年后，我国银行体系内出现了大量不良贷款，金融风险日益增大的局面。

针对这一现象，1998 年中央政府果断实施新一轮银行体制改革，取消中央银行地方分支机构的放款权、设立大区行；上收国有商业银行地方分支机构的信贷审批权，强化信贷人员责任终身制；通过系统内调控，使基层行的贷款权限与可用资金大部分上收。2001 年中国加入 WTO 后，承诺进一步加快银行机构改革，建立现代银行制度，在其引导下，各银行大力提升内部管控技术能力，建立并强化风险防控机制，总行对于地方分支机构的业务控制能力得到有力加强。以上这些改革措施彻底堵死了地方政府干预地方分行、获取城建资金的路径，“小金库”就此消失了。

在这样的背景下，为满足巨大的基建资金需求，迫使地方政府必须通过规范的渠道从金融市场获取资金。以城投公司作为融资平台筹集建设资金，越来越受到地方政府的重视。比较有前瞻性的地方政府，也开始越来越重视从长远发展的角度、按照可持续的要求来培育城投公司。20 世纪末起，城投公司迎来了自身的一个黄金发展期。

开发性金融——蓬勃发展的助推器

开发性金融是相对最为主动和规范地去塑造和培养城投公司的外部力量。

开发性金融，指以国家信用为基础，通过市场化运作把有限的金融资源分配到符合国家产业政策的基本建设项目中，在支持项目发展的同时积极推动制度建设和市场建设，从而达到政府的发展目标。开发性金融遵循独特的“政府选择项目入口——开发性金融孵化——实现市场出口”运行模式，是与我国经济发展过程中的资金缺乏和市场缺失相伴而生的。

“政府选择项目入口”，就是由地方政府按照国家产业政策和该地区的战略规划需要，选择确定使用开发性金融贷款的项目，开发性金融机构相应对项目及地方综合发展水平进行审核，双方建立合作关系；

"开发性金融孵化"，就是在政府协调下，以融资推动项目运作主体完善治理结构，实现其由收支流量平衡的法人向资产负债表式的法人形式转化，并整合地方政府信用；"实现市场出口"，就是依据项目现金流的发展趋势，针对借款性质、用途和使用情况设计不同的偿还机制，包括正常信贷还款、母公司回购、资本市场出口等市场化偿还机制，以及对于部分公益性项目所采取的政府回购等财政性偿还机制。①

开发性金融支持天津市发展的案例

2003年3月，国家开发银行领导同天津市领导经过充分交流，提出了因"地"制宜的融资模式来满足天津市经济发展的长期资金需求。通过这一模式，国家开发银行不仅能够在资金上支持天津市的城市基础设施建设，同时还可以与天津市政府一道推进地区信用体系的建设。

2003年4月25日，国家开发银行与天津市土地整理中心正式签订了"天津市土地开发及配套城建项目贷款合同"，该合同贷款总金额500亿人民币，其中软贷款240亿元，硬贷款260亿元，贷款期限15年。

国家开发银行作为我国开发性金融的先驱、核心推动者和主要提供者，至今占有开发性金融一半以上的贷款规模，在城市开发建设方面与地方政府开展合作始终保持着较高的积极性。而城投公司就是地方政府与国开行开展合作的主要载体，更有很多城投公司的设立，就是为了直接满足承接开行贷款的需求。

我国各级城投公司中，大部分都获得过国开行的贷款；2009年末全国融资平台贷款总余额，来自国开行的贷款占比达到了近30%。

总体而言，开发性金融是影响城投公司发展的各种外部力量中，相对最为主动和规范地去塑造、培育城投公司的一支力量。

① 参见《开发性金融论纲》，国家开发银行、中国人民大学联合课题组，中国人民大学出版社，2006年3月。

土地制度改革——强劲的动力之源

改革开放30年的历程中，土地管理制度改革始终是最为敏感、深刻和关键的领域之一。在经历了土地使用制度从无偿、无期限、无流动向土地使用权的有偿、有期限、可流动的巨大转变之后，促进土地资源节约集约利用的政策框架初步建立，土地市场和政府调控体系逐步完善。

早在20世纪80年代初，深圳特区即探索实施了一系列的土地制度改革措施，1982年，开始按城市土地的不同等级向其使用者收取不同标准的使用费；1987年，深圳市政府分别以协议、招标、拍卖等方式实施了土地使用权的出让，此举开创了土地有偿供应的先河，极大地推动了我国土地制度的改革。而与此同时，城市土地资源的供应收益，逐渐成为城建资金的重要来源。

“8.31大限”

2004年3月，国土资源部、监察部联合下发了《关于继续开展经营性土地使用权招标拍卖挂牌出让情况执法监察工作的通知》(即“71号令”)，要求从2004年8月31日起，所有经营性的土地一律都要公开竞价出让。至此，以前盛行的协议出让经营性土地的做法被正式叫停。该文件还规定，2004年8月31日以后，开发商必须及时缴纳土地出让金，而且如果在两年内不开发，政府可把该土地收回。所谓“8.31大限”就是指这一天新的全国土地政策将正式实施。“8.31大限”也被舆论认为是中国“地产界的土地革命”和“阳光地政”。

“8.31大限”的政策意图在于：一是减少土地交易领域的腐败；二是从源头上规范房地产市场，建立一个公平的市场竞争环境；三是起到调控房地产供应量和房价的作用。

20世纪90年代，虽然土地有偿使用制度开始在全国范围内推行，但由于协议出让被滥用，滋生大量腐败，导致土地资源的价值实现能力大打折扣。为遏制这种趋势，2002 年，国土资源部出台了《招标拍卖挂牌出让国有土地使用权规定》，明确提出商业、旅游、娱乐和商品住宅用地等经营性用地使用权必须采用“招标、拍卖、挂牌”方式出让。2004 年“8.31 大限”后，协议出让被严格限定在较小的使用范围内。2007 年，《土地储备管理办法》的出台，明确了政府统筹一级开发环节，实施净地、熟地出让的政策导向。至此，各地城市土地出让收入在一系列政策规范下，获得大幅提升，用于城市建设的财政性资金终于获得了持续可靠的来源。土地出让收益，作为支持城投公司的重要财政资金来源，登上了历史舞台。城投公司的发展获得了强劲的动力之源。

土地制度改革使土地作为最有价值的城市资源登上了历史舞台，成为支持城投公司的重要财政资金来源。

港式储地：重庆融资秘诀（节选）

黄奇帆坦承，“八大投”很重要的资金来源跟土地财政有关。“土地及其增值潜力，是地方政府和融资平台手中最重要的筹码。”他称重庆很早就引进了香港的土地储备制度，2002 年市政府出了条规专门推动土地储备。

八家投资集团均被赋予土地储备功能，家家都有至少数万亩的土地储备，目前总量已超过 40 万亩，或是政府以土地注资，或是以土地抵押贷款，且以未来土地出让收益偿还。

“土地储备功能在投资集团内部有两个循环。”黄奇帆在多个场合阐释称，第一个循环是从储备到融资到搞项目的循环：比如城投公司有一万亩地，规划上让城投公司储备了，它拿出部分资金，完成规划红线内的土地征地动迁、产权过户，从而成为信用资产，可以在银行抵押贷款用于基础设施建设。

第二个循环：土地储备后，要投入、开发，七通一平，然后通过市场转让给房地产商。“这是一个土地升值的过程，也许你 50 万元一亩的地，转让时 200 万元一亩，就有一个额外的收入，部分出让金要转交区县政府和市政府，部分则用来抵扣基础设施中的各种投资——很多基础设施是政府的公共支出，它已由投资集团在银行融资后先期投入了，最终要还银行。”

> 黄奇帆通俗地表示，第一个循环是跟银行借钱，第二个循环是把银行的钱还了，从而形成良性循环。
>
> 这些离变现尚远的土地，事实是一种朦胧的承诺，正支撑着各家城市投资公司反向融资、“以时间换空间”。比如重庆水投，无力提供配套资金的区县政府往往“以地换库”。近两年，水投与重庆26个区县签订了土地储备协议，涉及32个重点水利工程项目，把近6万亩储备土地的未来收益权以53.8亿元计入无形总资产。
>
> ——摘自《时代周报》，2010年06月17日

在土地储备制度下，各地城投公司作为各级政府基础设施建设投融资平台，逐渐开始行使土地收储职能，并在其过程中亲自控制土地开发的强度与节奏，从而对土地出让收入的实现能力产生影响。与此同时，城市土地资源开始作为资产被大量注入城投公司，用于充实城投公司的资本金或抵押融资，成为了城投公司经营发展所可利用的最有价值的城市资源。土地经营，日益成为城投公司最重要的核心业务。

市政公用事业改革——市场化的推手

以满足城市化快速发展为目标的市政公用事业改革，成了城投公司探索市场化发展路径的推手。

公用事业改革的基本目标，是满足城市化快速发展背景下城市基础设施等公共产品的需求，并在功能、服务等方面提高质量，因而主要针对的就是城市开发建设资金短缺和市政行业效率水平不高等问题，这些都与城投公司的事权范围、基本职能和优势具有直接关联。这也决定了城投公司深受我国市政公用事业改革的影响。

20世纪90年代，随着投资体制改革的实质性进展，公用事业改革围绕建立现代企业制度和引入外资、民间资本的主题展开。这一背景下，大量原先承担市政设施投资、建设、运营的政府部门和事业单位改制为企业，这些企业有的后来经进一步重组演变为城投公司，有的在政府主导下被作为资产注入到城投公司。这就使城投公司站到了公用事业改革的前沿，成为外资、民资的承接主体和市政行业“增量改革”的实

施主体。

21 世纪之初，在中央政府主导和支持下，市政公用事业市场化改革全面启动。原建设部在 2002 年出台《关于加快市政公用行业市场化进程的意见》，2004 年颁布了《市政公用事业特许经营办法》，2005 年又下发《关于加强市政公用事业监管的意见》，2005 年和 2010 年，两个“非公 36 条”促使大部分市政基础设施行业面向社会资本敞开大门，有力地推动了公用事业改革进程。

在公用事业改革的引导下，城投公司探索盘活存量国有市政资产的路径，在基础设施项目 TOT、公司股权改制等方面成功实现了优质社会资本的引入，充实城建资金、缓解财政压力的同时，促进理顺市政企业与政府之间的关系；城投公司以新建基础设施为载体，建构清晰的项目盈利模式，探索与市场主体对接合作的路径，促进了特许经营制度的完善；城投公司在公用事业改革进程中，了解并积累了基础设施投资建设运营等各环节的市场化运作经验，有效地提升了自身经营效率，解决了部分资金需求问题，并为政府提高行业监管能力和政策规定提供了“素材”和支持。可以这样说，市政公用事业的改革成了城投公司探索市场化发展路径的推手。

从溯源回归到理性思考

当我们对城投公司进行过全景式扫描，并且相对理性地回首了成长历程之后，应当可以大致梳理出一个脉络，那就是城投公司的诞生、发展拥有非常坚实的现实制度基础。做个形象的比喻，城投公司是在中国改革跌宕起伏的历史进程中，“一推一拉”两种力量的共同作用下成长起来的。

城市化的拉动和经济体制改革的推动是城投公司诞生和发展的两种核心力量。

首先是经济体制改革的推力。从本篇第二章内容我们就可以看出，城投公司最初并不是作为一个具有较强能动性的群体出现的，但正是各种制度的变革，有意的，或者更多是无意的，不断将城投公司推向城市经济社会发展的最前沿。城投公司在背负诸多使命和争议的同时，对城市乃至区域的发展起着越来越重要的作用。

另一种力量是“城市化”这一历史洪流的巨大拉力。城投公司所从事的行业，主要集中在推动城市化的基础工作。正是当前中国持续高速且势不可挡的城市化，造就了城投公司巨大的发展空间。

而今，城投公司在中国经济发展和城市化的洪流中，已经成为了一支以若干航空母舰引领的舰队群。这一个性鲜明的群体，深刻地思考着自身的未来。而国发 19 号文的发布，一如航标或灯塔，指引着舰队的航向；又如强劲的海风，掀起了巨大的思想波澜。

在现实的“夹缝”中诞生、以“为他人做嫁衣裳”为使命而得到发展的城投公司，面临着历史性的抉择。城投公司路在何方？要回答这个问题，让我们拨开各种喧嚣的声调，回归理性的思考：城投公司的价值何在？难道它仅是一种“过渡性”的产物么？

第二篇 价值发现
——跳出城投看城投

城投公司的队伍不断壮大，并成为社会各界关注的焦点。对城投公司的评论概括起来，可用四个词来形容："风险源"、"提款机"、"四不像"和"发展基因"。如何看待城投公司？为了解决这些问题，必须跳出城投公司看城投公司。

引　子

对于城投公司的起源与发展，在上一篇中进行了详细的分析。不难看出，城投公司的产生有其历史的偶然性，是在各种政策条件挤压下催生出来的。经过了多年的发展，城投公司的队伍不断壮大，并逐渐从幕后走到台前，成为近期社会各界关注的焦点。随之而来的，则是对城投公司或正面或反面的评论和争议，其中以反面的居多。概括起来，可用四个词来形容："风险源"、"提款机"、"四不像"、"发展基因"。

"风险源"主要是一些中央部门及媒体对城投公司的看法。2009 年为应对金融危机，城投公司作为投融资主体承接了大部分政府投资和信贷资金用于城市建设，进而带动了相关产业的复苏和发展，在化解金融危机的过程中充当了主力军。但由于一些地方政府盲目扩大债务规模，加之部分商业银行不负责任的助推，导致城投公司的债务在短时间内迅速膨胀，而且由于缺乏可持续的还款来源，成为中国未来的金融风险之源。

"提款机"主要是一些地方政府领导对城投公司的认识。把城投公司当作提款机，确实是很多地方政府领导的共识。在他们看来，城投公司是政府的第二财政部门。所谓第二财政部门，就是在地方财政部门之外，利用城投公司的融资平台功能承接各路资金，但是城投公司仅仅是一个过路的财神，钱是政府让城投公司借的，怎么花是政府的事。

"四不像"主要是部分媒体和学者对城投公司的理解。一些媒体在解读城投公司的时候，无法对其进行明确的界定：说它是政府部门，没有行政管理权；说它是事业单位，又从事以营利为目的的生产经营活动；说它是企业，又享受财政拨款，有的城投甚至还有行政收费权。这样一个介于政府和企业之间的事物，只能用“四不像”来形容。

“发展基因”是很多城投公司老总及该领域的一些专家对于城投公司的观点。经济成长和发展是宏观现象和结果，但宏观现象背后的微观机制是什么？宏观经济成长有其自身内在机制和动力，这就是经济发展的基因。中国城市的特殊性，决定了需要有城投公司这样一个载体，来推动中国城市的发展，推动中国城市经济的转型。在这个过程中，城投公司扮演了“发展基因”的角色。

为什么各界人士对城投公司有各种不同的认识呢？这就像盲人摸象一样，各有各的角度，似乎站在哪个角度都有道理，但是都不完整。

那么城投公司究竟是什么？如何看待城投公司？随着国发 19 号文和非公 36 条的出台，城投公司是否将走上不归路、成为过渡性产物？

为了回答这些问题，我们必须跳出城投公司看城投公司。

第三章　从城市发展的视角看城投

从中国城市发展的角度来看，城投公司在推动中国城市和经济发展过程中起到了不可替代的作用。

城市发展的现状——矛盾重重

要分析中国城市发展的问题，必须首先分析中国的城市化问题。

中国城市化三大特点

城市化的速度快。首先，反映在农民进城的速度快，大量的农民在短时间内涌入城市，导致城市来不及消化进城的农民，没有足够的就业岗位，没有稳定的收入，在短时间内也很难适应城里的生活方式。其次，反映在城市扩张的速度快，很多新城规划仓促上马，缺乏长远的考虑，导致产业发展的速度和城市建设的速度不匹配，出现"有业无城"和"有城无业"等城市发展怪现象。此外，还反映在城市更新速度快，导致很多房屋在达到设计使用年限之前就要被拆除。据统计，目前城市建筑未达到设计使用年限即被拆除的比例偏高，平均使用寿命仅 30 年①。

城市化的动力是双向的。在我国，既有自上而下的城市化，也有自下而上的城市化。目前阶段，中央政府推动城市化的动力是很明显的，中央政府希望通过城市化转变经济发展方式，把外贸依赖型经济转变为内需拉动型经济，提高中国经济的自主能力；另外，希望通过城市化、

---

① 摘自《城市建筑短命折射政绩崇拜 平均寿命仅 30 年》，人民日报(北京)，2010 年 7 月 28 日。

城乡一体化的发展，提高大多数地区的人民生活水平，并拉动经济发展。与此同时，地方政府也有城市化的动力，他们希望加快地方经济发展，改善地方投资环境，提高当地民众的幸福指数。因此可以说，地方政府与中央政府在城市化这个问题上保持了高度的一致。

城市化伴随着高能耗。从 1980 年到 2008 年，随着中国城市化的进程，城市化率由 18%提高到了 45%，城镇人口从 19140 万人增加到了 60667 万人，增加了约 2.2 倍，GDP、财政收入等经济指标也都出现了大幅度的提升。而我国的能源消耗大约提高了 3 倍，中国正在成为能源消费大国[①]。中国单位 GDP 能耗不仅远远超过美日德等发达国家，甚至还超过了印度。根据世界银行 2007 年的数据，中国单位 GDP 能耗大约是日本的 2.3 倍、德国的 2.4 倍、美国的 1.6 倍和印度的 1.2 倍。[②]

中国城市化三大矛盾

随着城市化进程的不断推进，社会矛盾也逐渐凸现。

一是传统社会矛盾没有得到解决，新的矛盾又不断涌现。比如，在很多地区，呼吁了多年的失地农民问题依然没有得到妥善的解决；而在一些大城市，新生代农民工的住房、就业、医疗等问题又逐渐浮出水面；另外，城市“夹心层”也受到越来越多的关注，大量的大学毕业生依附于城市周边，居住在空间狭小、公共服务设施匮乏的环境里，面对高涨的房价不断侵吞着手中可怜的工资，发出无可奈何的长叹，成为城市里的“蚁居”一族。

---

① 数据来源：根据国家统计年鉴公布的数据整理而成。

② 数据来源：世界银行网站公布的 2007 年各国单位 GDP 能耗数据整理而成。

北漂一族的"蚁居"生活(节选)

唐家岭村位于北京市区西北五环外的西北旺镇,属于比较典型的城乡结合部。几年间,唐家岭村从一个仅有不到3000人的小村子,逐步发展成现在拥有超过5万流动人口居住的"蚁族"聚居村。

在唐家岭租房价格通常在每月350元~700元之间,20平方米左右的单间,拥有独立的卫生间以及小厨房,正满足北漂一族初级阶段的居住需求。然而,由此也出现了违章建筑、交通拥堵、住房条件差以及管理不便等诸多问题,潜在的安全隐患亟待解决。

在唐家岭村的主要街道上,承载着唐家岭5万"蚁族"上下班、进出村的主要交通要道,却只有两条机动车道,因此每天上下班高峰期,唐家岭村的交通状况都是"惨不忍睹"。

"他们也不容易啊!有的大学刚毕业,工资每月才1000多元,甚至还有少数人没找着工作,他们也只能住在这儿了。当然,也有一些人工资比较高,月收入五六千元,可为了攒钱买房,还得住在这里。"提到租户的生存状况,当地人感慨到。

——摘自《中国经济导报》,2010年3月11日

二是民生问题的解决需求与解决能力之间的矛盾。和谐社会建设要求地方政府在解决民生问题上的投入越来越多,但由于很多地方政府在城市建设过程中缺乏长远的考虑,导致很多城市资源被低价出售,最突出的表现就是低价出让土地。由于市场开发行为很少考虑项目之外的利益,导致政府为建设各种基础设施、公共服务设施和政策性用房等公益性设施所需资金还需要额外筹集,而政府财政手中可动用的资源十分有限,因此往往寅吃卯粮,饮鸩止渴,不惜靠过度借贷过日子,把矛盾和问题不断后推。而下届的官员不理上届之事成为一种无可奈何的选择,这愈发导致了社会矛盾的深化。

低价出让不可行(节选)

目前各地在招商中,纷纷以低价出让土地作为重要手段来吸引投资尤其是外资,不仅经济欠发达地区如此,在沿海一些经济发达地区亦是如此。以浙江省宁波市下辖县(区)为例,一般工业用地评估价为10万元/亩左右,但在招商引资过程中,对外资项目一般都以低于这个标准出让土地,有的3万元—5万元/亩或5万元—7万元/亩,有的甚至以零地价方式将土地出让给外商。地区之间为争外资项目引进,竞相压低地价,由此引发许多问题与矛盾。

现行财政体制下,土地出让收益是地方政府的重要收入来源。城市化推进、工业园区开发、基础设施及配套设施建设资金主要来源于土地出让金。低价出让土地,政府不但得不到土地收益,而且还要通过融资贴上大量资金为工业园区搞拆迁和基础设施建设。要靠今后引进企业上缴税收的地方留成部分来偿还这些债务,而外资企业按照国家和地方的税收优惠政策,有若干年的税收减免期。因此,偿还这些债务需要很长的时间,往往是一届政府任期内难以平衡的。不少乡镇政府因此背上了沉重的债务包袱。

——摘自《中国土地》,2003年第2期

三是城市发展过程中,出现了城市房屋空置率不断升高而农民基本居住需求却得不到满足的矛盾。城市规划是控制城市发展的一种有效手段,通过城市规划可以调控建设用地和人口。城市规划中的城市人口多是通过消灭农民定居点、推动农民进城来实现的,而城市建设用地指标,很大程度上也是以消灭农村、把农村建设用地置换成城市建设用地来取得的。但一些城市在其城市化过程中,一方面城市中的房屋不断建设,但空置率却不断增高;另一方面处于规划控制区内农民的子女到了分户、结婚的年龄,需要宅基地建房,以改善住房条件,但这些要求却被搁置。

易宪容:住房高空置率惊人(节选)

据国家电网公司的调查显示,中国660多个城市现有连续6个月以上电表读数为零的空置房6540万套,足够2亿人居住。而这仅是房地产开发商已经交易了的居民持有的住房数据。如果加上房地产商已经盖好没有交易出去的住房,当前国内住房的空置率之高更是惊人。

尽管有人对国家电网公司的调查数据表示怀疑,大量购买者进入房地产市场囤积住房任其空置、待房价上涨赚取价差,已是不争的事实。从这个意义上说,当前国内大中城市住房空置率并非仅是突破10%的国际警戒线的问题,也不是住房空置率过高影响住房资源的配置及影响其他居民住房福利条件改善的问题,大量的人参与房地产投机炒作,它不仅导致整个社会资源错配、价格扭曲、财富浪费,而且也改变了国人的基本价值观及行为方式,让国家金融风险进一步放大,经济结构无法调整及最终导致整个社会的不稳定。

——摘自《人民日报》海外版,2010年7月9日

矛盾解决之道——统筹兼顾

如何统筹

中国城市化的三个特征和城市化中矛盾的凸现,使中央政府认识到,城乡一体化、城乡统筹发展以及新型城市化建设的重要性。但是反观现实中正在实施“两型社会”建设、城乡一体化和城乡统筹发展的区域,城市化过程中的社会矛盾依然突出。究其原因,主要是地方政府还没有真正贯彻落实好科学发展观的统筹兼顾方法。

新型城市化过程中的矛盾依然突出,主要是地方政府没有贯彻落实好统筹兼顾方法。

城市发展过程中的统筹兼顾,就是要在城市化的过程中,解决好近期发展和远期发展的关系,解决好社会效益和经济效益的关系,解决好产业发展和住宅建设的关系,解决好城市建设和各种配套设施完善的关系,解决好失地农民和城市居民的生存与发展的关系。

城市化过程中的统筹兼顾做好了，城市化中的矛盾就会越来越少，城市发展也就会越来越趋于良性。

城市化过程中的统筹兼顾做好了，城市化中的矛盾就会越来越少，城市发展也就会越来越趋于良性。虽然各级政府领导都非常重视统筹兼顾，甚至已经成为口头禅，但具体如何实施，则少有实际内容。

在实践中，对城市发展建设影响较大的项目往往是城市的主要领导重视的项目，这样的项目不但资金充裕，人员配备也十分得力，质量上更是不敢有半点含糊，这样的项目常被称为"一把手工程"。虽然"一把手工程"也多是解决民生、促进发展的工程，但常常遭到来自有关各方的诟病，指责的重点往往在于项目的选择以及资源的分配上。所以，各级政府一把手如果能够科学统筹各种民生工程、发展项目，兼顾解决城市发展中的各种问题，"一把手工程"所受到的指责将会越来越少，统筹兼顾也才能够真正落实。

实践中也不乏真正把统筹兼顾理念落实到位的政府，北京市房山区长阳镇政府就是一个典型的例子。

长阳镇政府在面对村庄改造、基础设施建设、产业发展、招商引资等一系列发展难题时，既没有畏缩不前，也没有轻易冒进，而是认真权衡各方利益关系，充分考虑长远发展，利用投融资规划方法①进行城市建设和管理的统筹，使长阳镇从一个名不见经传的小镇，一跃而成为北京京郊的明星镇，并且创造了城市建设的"长阳模式"。自长阳镇实施投融资规划以来，经过四年的发展，当地社会矛盾、公共物品供应、城乡一体化发展等问题都得到了有效的解决。同时，长阳镇政府也正在通过多种方式，走出城市化中的各种误区，包括通过循环经济规划和建设，提高能源的使用效率；通过产业规划和产业的导入，打破"有城无业"的城市发展困局等。如今，长阳镇实现了快速发展，并且在快速发展过程中，有效地解决了各种社会矛盾。

---

① 投融资规划方法是利用系统工程思想，提出在城市规划和城市建设之间架起一座桥梁，试图从规划落实的角度，破解城市建设管理领域统筹兼顾这一难题。详见《投融资规划——架起城市规划与建设的桥梁》，李伟/陈民 等编著，中国统计出版社，2009 年 3 月。

长阳模式让社会各界看到了解决中国城市化过程中各种矛盾的曙光，也认识到了在中国城市化过程中真正将统筹兼顾这一方法落地是大有希望的。

长阳模式让社会各界看到了解决城市化过程中各种矛盾的曙光。

谁来统筹

分析长阳镇的案例，书记和镇长是统筹兼顾思想和方法的积极推动者和践行者，党政一把手在统筹兼顾这个问题上形成了合力和共识[①]。但是一把手每天要处理的工作是海量的，尤其是大量决策性的工作，这种决策既包括需要反复论证的重大问题的决策，也包括执行工作中一些具体问题的决策。在这种情况下，统筹兼顾体现在哪个环节？又由谁来实施呢？

说到这里，就不得不推出长阳镇投融资规划的实施单位——长阳兴业投资公司。该公司是长阳镇政府的全资控股企业，也就是长阳镇的城投公司。在投融资规划的实施过程中，长阳兴业投资公司很好地贯彻了镇领导确定的统筹兼顾的方法，既保障了当前建设计划的顺利推进，又为将来的建设提供了资金保证；既保障了镇区政府和公司的利益，也保障了失地农民和入驻企业的利益；既考虑了规划区内居民的利益，也考虑了规划区外农民的长远生计问题。长阳镇投融资规划的实施效果获得了北京市政府有关部门的认可，北京市土地储备中心率先与长阳兴业投资公司合作进行土地一级开发。

长阳兴业投资公司在落实长阳镇投融资规划中扮演了统筹兼顾方法实施者的角色。

长阳兴业投资公司紧紧抓住资金这一主要因素，通过科学合理规划资金的投放和回收，构建了一套清晰的投入产出模式。这种模式的构建，既实现了城市发展的目标，又取得了资本市场的认可，同时也为公司的发展探索了一条清晰的路径。长阳兴业投资公司在其中起到了统筹城市建设主体作用、融资平台作用和城市建设管理主体的作用。

长阳兴业紧抓资金要素，构建一套清晰的投入产出模式。

---

① 《破解城市建设困局——长阳模式解读》，李伟、陈民、彭松等著，中国统计出版社，2009年12月。

北京土地开发经验将上报国务院(节选)

长阳镇副镇长李燕山对本报记者表示,这一地块由冷转热,一是北京地铁房山线正在修建,预计后年开通,长阳镇是一处地铁站;二是长阳镇土地一级整理开发中,提前将土地投融资规划引入,进而实现了土地储备中心和区政府、金融机构的联合投资。

北京市土地储备中心一位负责人也表示,长阳镇项目的最大特点是有投融资规划,这让土地储备中心觉得资金投下去安全性系数提高了很多。

今年北京市推出了1000亿土地储备贷款计划,其中分到房山区的是117亿元,而长阳镇项目的就有70多亿元。

记者另外了解到,中国系统工程学会正在收集、整理北京市这种做法,准备作为系统学应用于经济领域的典型案例,上报国务院,并希望国家发改委等部门在全国开发区、土地一级开发等土地投资项目中引入这种机制。

长阳镇项目将土地投融资规划和审批材料一起上报,让政府投资风险可控。因此,北京市政府、房山区政府以及长阳镇下属投资公司多种途径融资,解决了土地开发的资金问题。

——摘自《21世纪经济报道》,2009年9月16日

统筹兼顾的主体——城投公司

长阳镇的实践表明,解决城市发展中的各种矛盾和问题需要科学统筹,而作为城投公司的长阳兴业投资公司为执行和实施统筹起到了举足轻重的作用。长阳兴业投资公司的成功运作,让我们看到了城投公司担当统筹城市建设和发展的主体这一责任是完全可行的。那么,有人不禁要问,长阳兴业投资公司的成功是否只是个案?它是否具有普适性?就这个问题,我们曾与多个城市的市长、副市长以及政研室、经研中心、发改委、建设局、土地局、市政局以及文教卫等部门领导进行过深入的探讨。大家普遍认为,政府的任何现有职能部门都难以统筹

城市建设和发展，目前只有城投公司才能担此重任。

理由有三：

政府的任何现有职能部门都难以统筹城市建设和发展，目前只有城投公司才能担此重任。

一是政府各部门有自己清晰的工作边界，到自己边界之外去做事情是不被允许的，也是费力不讨好的。城市建设和发展的统筹涉及到城市建设管理的方方面面，任何部门做这项工作，都超越了本身的职能范围。而城投公司作为政府投融资平台，其主要职责就是负责整个城市的各种非营利性项目的融资和建设，它可以不受政府部门行政管理权限的束缚，统筹协调各部门的工作。

二是政府内部虽然人都设有综合管理研究部门，如发改委、政研室、经研中心等，但它们多是以谋划为主，难以真正把统筹的事情落实下去。而城投公司作为投融资主体和建设主体，具备将决策转化为现实的财力和能力。

三是城市建设和发展不仅涉及到事权、人权和财权，还涉及城市近期和远期发展的关系。但财政预算是年内平衡预算，很难兼顾长期发展问题。而城投公司作为按照现代企业制度设立的企业，必须考虑资产负债率、现金流、企业利润等一系列影响生存和发展的问题。因此，在现有管理体制下，只有城投公司可以在整个城市范围内聚集各种有效资源，并进行合理规划和盘整，实现资源增值，通过谋求企业可持续生存发展，进而带动城市的可持续发展。

第四章　从理论视角看城投

在中国，有两种重要的方法论影响着各界对一个事物的认知，一是老一代无产阶级革命家在实践过程中形成的本土哲学思想，二是西方科学技术实践总结的理论与方法。下面，我们就从矛盾论和自组织理论两个视角来解读城投公司。

本土哲学思想——主要矛盾说

城市的发展问题也有主要矛盾和矛盾的主要方面存在。

毛泽东同志写过一篇著名的文章叫《矛盾论》，他在“主要矛盾和矛盾的主要方面”中写道，“在复杂的事物发展过程中，有许多的矛盾存在[①]，其中必有一种是主要矛盾，由于它的存在和发展规定和影响着其他矛盾的存在和发展。城市的发展也是如此。

那么，中国当前城市化中的主要矛盾和矛盾的主要方面到底是什么？在回答这个问题之前，首先应该建立一种系统的思维方式。用系统的思维方式来分析主要矛盾和矛盾的主要方面时，通常把事物分成系统内和系统外，系统内是变量，系统外是环境。一般情况下，环境是一种不能改变的事实，这种事实在矛盾分析中是一种前提，是目前阶段必须接受的。

就中国目前的情况来看，城市化发展的特点就是系统的环境。中国城市发展的速度快，这是不可改变的事实，是中国经济发展到现阶段的必然，是思考中国经济发展或城市发展问题必须认识到的一个基本

① 摘自《矛盾论》，毛泽东，1937 年 3 月。

前提(尤其2008年世界金融海啸之后,这个问题更加突出)。中国城市化的动力是双向的,这是中国目前的体制所决定的,不是短期内可以改变的。随着城市的发展,单位产出能耗的降低是硬性指标,这也是国家对世界的庄严承诺。

围绕上述基本的前提和假设,我们认为城市发展的主要矛盾是利益再分配问题,矛盾的主要方面是利益如何在不同的主体和不同的时空范围进行科学配置,归根结底仍然是科学统筹问题。比如,要解决好民生问题,关键要在城市化的过程中控制好资源,让资源的价值达到合理的水平,使其能够承载民生的成本。而有限的资源能否被提升到合理的价值水平,关键在于政府能否通过资本市场融资,利用未来的收益,解决好现在需要解决的问题。不仅要用有限的土地资源,解决好城市各种基础设施和公共服务设施的供给问题,还要有足够的资金解决政策性住房保障,劳动力的安置培训,以及为企业入驻提供低价的土地。而政府能否解决好城市房屋空置率低以及农民居住条件改善难的问题,关键在于能否找到科学合理的盈利模式,把农民问题的解决与城市的发展结合起来。目前一些城市在这方面进行了一些有益的探索,例如唐海在城市一体化发展过程中,采取宅基地指标空转的做法,很有意义。

城市发展的主要矛盾是利益再分配问题,矛盾的主要方面是利益如何在不同的主体和不同的时空范围进行科学配置,归根结底仍然是科学统筹问题。

国土部调研宅基地指标空转

所谓“空转”,即凡是符合宅基地审批条件的农场居民可自愿申请到县城或场部进行集中安置,其宅基地指标由政府统一审批、收储,场队不再分散审批宅基地,收储后的宅基地指标用于置换城市建设用地指标。

按照我国《土地管理法》,凡是年满18岁农村村民就可以申请一块12×17米的宅基地,不过考虑到“空心村”和建设用地紧张的实际情况,许多地方政府一直严格控制新增指标。“此前,唐海也已经7年没有批宅基地了。”李建新告诉记者,“问题确实很严重。”

> 于是,"宅基地指标空转"应运而生。政府向农民收取建设费,选择进县城的为1500元/平方米,选择进农场场部的为1000元/平方米。之后,农民便能获得一套商品房。
>
> 去年8月,唐海县首批符合安置条件的2256户居民签订了宅基地指标收储协议,安置房建设总面积21.7万平方米,县财政补贴资金约5亿元,节约建设用地指标约1000亩。
>
> "其实,宅基地的问题在全国都很突出。"大岳咨询公司总监李伟告诉记者,宅基地指标空转有利于城乡一体化的建设,"突破了传统上从存量入手解决城乡一体化问题的误区。"
>
> ——摘自《21世纪经济报道》,2010年4月14日

城市化中各种矛盾和问题的解决,根本问题是政府统筹问题。

综上所述,城市化中各种矛盾和问题的解决,根本问题是政府统筹问题,这与上一章提到长阳镇通过做好投融资规划,解决城市建设管理中的各种矛盾和问题是一致的。

统筹是对市场失灵的基础设施和公共服务设施的建设进行投融资规划。市场能够解决的问题,仍然按照市场化的手段来解决。

也许有人会问,这种做法是不是在倒退、是不是对计划经济的复辟?表面上看起来有政府包办一切的嫌疑,看起来与中国市场经济的走向不一致。但实质并不矛盾。小平同志早在1992年就说过,"资本主义也有计划,社会主义也有市场"。这里所说的统筹,不是针对整个城市的,而是针对城市中政府可以主导的部分进行的统筹,是对市场失灵的基础设施和公共服务设施的建设进行投融资规划。而由市场能够解决的问题,诸如产业投资人的投资问题、房地产开发商的投资问题等仍然按照市场化的手段来解决。

由此可见,城投公司作为城市建设的实施者甚至是引导者,可以通过对政府主导资源的统筹谋划并分步实施,来解决城市化过程中的主要矛盾及矛盾的主要方面,并通过控制矛盾的主要方面的演化方向,来引导城市发展的方向。

那么这种做法从现代科学的角度来看,是不是也能找到依据?无独有偶,与主要矛盾观点一致,现代非线性科学中的自组织理论也为这

个问题提供了一个探讨的视角。

西方科学实践——自组织理论

2000 年，以色列特拉维夫大学地理与人文环境学者波图戈里发表了《自组织与城市》的专著，提出城市是自组织系统，这是一种具有革命性的认识，把自组织系统从自然科学领域应用到城市发展这一社会经济系统中来。中国的城市发展带有很强的政府干预的成分，因此对中国城市是否是自组织的，有着不同的争论。中国学者陈彦光通过实证分析，提出中国的城市也是自组织的。[①]

城市是自组织系统。

自组织系统的特点

哈肯在《协同学》中提出了著名的“伺服原理”，简而言之，就是快变量服从慢变量，慢变量支配系统的行为，不同系统的慢变量的意义也不同。比如激光系统中，光场强度就是慢变量。再比如，在决策过程中，如果三分之二以上赞同作为决策的依据，那么反对票的比例就是慢变量。当外界条件变化时，慢变量也随着变化，当达到临界点时，慢变量达到最大，此时出现宏观有序的有组织的结构。

城市这一复杂系统的发展有其自组织性，这与亚当·斯密提出看不见手的理论有着异曲同工之妙。城市在成长和发展的过程中，受到慢变量的控制，导致城市发展经常处于无序的状态。如何对慢变量进行干预，是中国城市发展中面对的主要问题。这需要解决好究竟什么是慢变量，谁来干预和怎样干预的问题。

城市受到慢变量的控制，导致城市发展经常处于无序状态。

长阳镇用投融资规划方法，破解城市建设管理的统筹难题，其实质就是解决城市慢变量的调控问题。这种方法在实践中得到了很好的检验。那么站在理性的角度来看，这种做法是否也能站得住脚呢？

---

① 《中国城市发展的自组织特征与判据》，陈彦光，《城市规划》2006 年第 30 卷，第 8 期。

投融资规划是以城市规划的落实作为基本的突破口。

投融资规划是以城市规划的落实作为基本的突破口。但早在几十年前,就有人明确地指出,城市和超级城市是不可规划的。这使得城市规划界陷入了十分尴尬的境地,同时对投融资规划也是个冲击。

就城市规划的可规划与不可规划而言,如果把城市当成线性系统,城市就可以规划,如果当作是非线性系统,则是不可规划的,用线性系统的规划手段解决不了非线性系统的规划和控制问题。如果说大城市和超大城市是不可规划的,那是因为大城市和超大城市是非常复杂的非线性系统。因此,破解可规划与不可规划的问题,症结点在于是否有针对非线性系统的规划思想和规划工具。事实上,最近几年来,国外学者已经基于非线性系统的自组织城市理论的研究成果,提出自组织规划的全新思想。这种规划思想旨在调和可规划与不可规划的理论纷争和现实矛盾。

根据自组织规划理论,城市规划是从变化的角度,将城市系统划分为三种成分:一是随机城市系统——对外界环境敏感的成分;二是可预测城市系统——下一时刻的增长与上一时刻的状态有关;三是受控城市系统——政府的力量在很大程度上决定结构和行为。

投融资规划正是对受控部分进行规划和调整,从而实现调控城市发展的质量和效率的目的。

任何城市系统都可分成随机成分、可预测成分和受控成分,城市规划主要是对受控成分发生作用。例如,城市中有哪个企业进来投资,有哪些住户入住城市,这些都是随机成分;而城市中的投资总额,GDP年度增长数据,财政年度数据等则是可预测成分,因为这些结果对上一个年度依赖性比较强。投融资规划正是基于自组织原理,对受控部分如城市基础设施、公共服务设施等进行规划和调整,从而实现调控城市发展的质量和效率的目的。

由此可见,城市整体上是自组织的,但影响城市这个系统演化的是城市中的受控成分,也就是慢变量。自组织行为在随机系统和可预测系统中发挥作用,而随机系统、可预测系统与受控系统中城市规划是相互作用的,通过对受控系统进行调控,可以影响自组织系统中的随机成分和可预测成分的发展。

慢变量的干预者——城投公司

对于大多数城市来说，城市基础设施、公共服务设施等公益性产品大都无法通过市场化的手段进行建设和管理，按照一般的发展规律，这些设施的完善一般要远远滞后于城市其他可经营性产品，构成了城市发展的慢变量。

城市基础设施、公共服务设施等，构成了城市发展的慢变量。

按照传统的分工，这些设施都是由政府相应的部门来负责统筹建设和管理的，如医院和学校的建设分别由卫生局和教委来负责，而这些部门的资金来源主要是本级财政或上级政府的转移支付。由于财政实力的限制，靠财政积累和上级转移支付很难满足城市化快速发展对基础设施和公共服务设施的需要。为了弥补资金的不足，就必须通过融资的手段，对这些城市慢变量的建设发展进行提速，进而来调控城市的发展进度和发展方向。

通过融资的手段对城市发展慢变量进行提速，可以调控城市的发展进度和发展方向。

当然，城市发展的慢变量不止基础设施和公共服务设施，还有城市环境的建设、水系景观的打造以及政府服务效率等，它们会直接影响到城市招商引资的效果。招商引资也是政府对城市自组织系统的干预行为，是政府通过对受控成分中的招商环境的改造和优化（包括硬环境和软环境），作用于企业这样的随机成分，以加速城市这个系统自组织的进程。这种环境的改造和优化，一般不会从入驻企业中获得直接的收益，因此没有直接的盈利模式。

另外，“两型社会”和低碳经济的建设需要当代人牺牲福利，满足后代人对环境的需求。因此必须建立清晰的利益平衡机制，平衡当代人与子孙后代的福利，每代人都承受一部分福利损失。这种利益平衡机制的设计，也必须借助金融工具，才能使其成为现实。

综上所述，无论是基础设施和公共服务设施的建设，还是投资环境的优化以及转变经济发展方式、低碳经济、城乡统筹等，都需要跨越时间和空间来统筹调配资金问题，也就是通过金融手段来实现上述目标。众所周知，在资本市场中融资，每笔融资的资金用途和偿还模式必须是清楚的，但上述这些工作又难于在短时间内界定出清晰的商业模式，因此需要一个介于政府和市场之间的公司，来推动这些受控变量的发展，并且在这个过程中取得相应的回报，最适合担当这个角色的就是城投公司。

城投公司的主要作用就是干预城市发展的各种慢变量，进而影响城市这个自组织系统的进程。

城投公司的主要作用就是干预城市发展的各种慢变量，进而影响城市这个自组织系统的进程。对于那些盈利模式不清的部分，城投公司可以通过城市价值的总体提升来进行弥补。城投公司可以放大自己的视野，把盈利模式建立在城市政府总体收益这一基础上。当然，有些盈利模式的设计，需要提前做一些工作，甚至形成一些示范效益之后，才能设计出恰当的盈利模式，这样的盈利模式能得到政府和投资人的认可。因此，边实施城市的发展战略，边完成政府目标，边摸索盈利模式形成示范，可能成为城投公司一种重要的工作状态。虽然目前大多数城投公司没有很好地担负起这样的角色（从某种意义上来说，这个角色是城市风险投资者），也还没有真正认识到自己的价值所在，但从整个城市发展的角度来讲，这个角色是相当重要的。

黄山样本：科学卖地化解城投风险（节选）

早在2008年上半年，黄山市城投公司就主动提出“如何经营好城市资源、化解城投风险”的命题。这个命题的提出，得到了北京大岳咨询公司的积极响应，双方通过一年的合作，编制完成了黄山市中心城区基础设施的投融资规划。2009年12月27日，由中国系统工程学会主持的《黄山市中心城区城市基础设施投融资规划（2009—2014）》成果鉴定会落下了帷幕。

专家组组长陈光亚理事长一直关注系统工程方法在城市建设管理系统中的应用，并多次组织专家学者，研讨城市建设管理投融资问题，试图探索通过资金调控的手段，寻找破解城市建设管理这一复杂问题的钥匙。陈理事长对黄山投融资规划成果给予了高度评价，他认为，现在世界上热炒中国模式，中国模式的最大特点是政府和市场的有机结合。政府和市场结合点在哪里，是个很重要的问题，通过参加黄山投融资规划的鉴定会，我个人感觉，政府和市场的结合点在城投。城投公司能够把市场和政府的职责分别清楚，为市场介入一个城市打造好的环境，这是一个城市科学发展的关键，也是中国模式能够进一步提升和发展的关键。

曲卫东教授是土地和房地产方面的专家，他认为，土地规划和城市规划的落实是个大问题，黄山市在这方面做了很好的尝试，是值得其他城投公司借鉴的。城投公司风险表面上是资金风险，实质上是土地价值的实现风险，是城市价值能否实现的风险，只有站在这样的角度看待城投的风险，才更客观、更深入。当然，城市价值的实现，不是简单的地价提高和房价提升的问题，如果单纯把房价提升当做提升城市价值的手段，那是很危险的。曲教授认为，城投公司肩负着城市化的使命，中国会走出什么样的城市化道路，也许城投公司可以很好地回答这个问题。

——摘自搜狐焦点网，2010年1月7日

第五章　城投公司是过渡性产物吗

城市发展慢变量始终存在，需要像城投公司这样能够干预慢变量发展的主体存在。

总体上看，我国城市化的道路还相当漫长。城市作为自组织系统不但不会消亡，还会不断地演化。在未来很长一段时间内，城市始终都有扩张和转型的需要，在这个过程中也始终都有城市基础设施、公共服务设施等慢变量的存在，因此需要一个像城投公司这样能够干预慢变量发展的主体存在。从这个意义上来讲，城投公司不会成为过渡性产物，未来有着广阔的发展空间。

但时下很多城投公司对自己的前途充满了恐慌和不确定性，这又是为什么呢?

目前城投公司的发展状况，可以将其分成三种不同的层次：第一个层次是作为基础设施和公共服务设施的融资和建设者，第二个层次是作为城市规划的落实者，第三个层次是作为城市发展战略的执行者。

目前很多城投公司尚处在担当城市基础设施和公共服务设施的融资和建设者的角色。

目前很多城投公司尚处在第一个层次，即担当城市基础设施和公共服务设施的融资和建设者。这些城投公司，有些与政府关系比较好的，在建设项目过程中能够得到政府大量的资源支持，项目的还款也可以获得地方财政支持；有些与政府关系不太好的，其融资和债务偿还将成为制约其发展的大问题。处于第一层次的城投公司对整个城市的发展还没有真正起到主导和统筹的作用。如果仅仅只是这样一个角色，那么城投公司的角色是可以替代的。因为，一旦地方财政具备融资能力，政府就可以把融资任务交给财政部门，而把建设管理的责任交给建设管理部门，通过两权分离，既防止腐败的滋生，又通过专业部门干专业的事情提高了工作效率。如此一来，城投公司这个角色可能就是过渡性的产物。

有些城投公司已经意识到了纯粹作为融资平台承接地方政府建设任务所带来的风险和问题，积极地通过统筹资源来落实城市规划，从而上升为第二层次，成为城市规划落实者。他们依据城市规划，编制了相应的投融资规划，应用资金链将城市内不同领域的建设项目与相应资源联系在一起。这样做的好处是，一方面，城投公司可以据此理顺与城市政府、市场主体、当地居民间的合作开发关系，明确各主体应承担的责任义务，为城投公司向权责利分明、借用还一体化发展创造条件；另一方面，整体落实规划，可以集约使用城建资源，控制开发风险，减少城市政府的开发投资成本。这一层次的城投公司将有更好的发展前景。因为政府中还没有替代性的职能部门，即使几个职能部门合在一起也难以起到这样的作用。不过，若要城投公司承担这样的角色，还必须为其设计合理的盈利模式，使其能够在落实城市规划的过程中发展壮大。

有些城投公司积极地通过统筹资源来落实城市规划，从而上升为第二层次。

对于第三个层次即城市战略的执行者而言，少数发展较快、眼光独到的城投公司已经开始扮演这样的角色。比如，北京市基础设施投资公司，就是北京市轨道交通战略的实施者。对于北京市这样的超级大都市而言，战略性项目可以成立一个专门的公司来进行。但对于一些地市级的小城市来说，一个战略的执行，最多也就是一个项目，可能难以形成较为清晰的盈利模式，因此没有必要成立独立的公司，一般采用在城投公司下设一个项目公司的形式来实施。对于城市战略实施问题，每个城市处于不同的阶段，都会有不同的战略问题需要解决，这些战略问题不是完全可以通过市场化的方式解决的，但一旦战略解决好了，可以推出一批市场化的项目来，从而推动城市的发展。

少数发展较快、眼光独到的城投公司已经开始扮演城市战略执行者的角色。

城投公司不应只是过渡性产物，未来将大有可为。

由此我们有理由认为，城投公司不应只是过渡性产物，未来将大有可为。

第三篇 重塑规则
——拨开迷雾解城投

实践中城投公司面临的真实困境，是没有真正适用于城投公司的一套规则。本篇将从城投公司发展过程中面临的各种现实困境出发，寻找做好城投公司的规则根源。

引　子

上一篇我们从城市发展角度重新审视了城投公司的作用和定位。作为政府和市场之间的桥梁，城投公司这一特殊的群体，也面临着一般公司所没有的困扰。有人把城投公司看成是政府部门之一，觉得城投公司应当回归到行政序列之中，有人则更愿意拿市场经济规则和一般市场化公司的标准来衡量城投公司的优劣，但是在实践中我们看到，城投公司面临的真实困境，是没有真正适用于城投公司的一套规则。这套规则包括外部规则和内部规则。

当城投公司面对政府、学者、民众等各方面的审视甚至质疑时，一种难以辩白的心情油然而生。要真正做好城投公司，绝不是城投公司自身能够完全左右的事情，这有赖于上下左右各方面破除认知误区，从根源上给城投公司留出一个适当的位置。本章将从城市发展过程中面临的各种现实困境出发，寻找做好城投公司的规则根源。

第六章　摇摆的城投定位

城投公司圈子里，经常会听到这样一句话，“背靠市长，面向市场”。这句话实际上非常精确地描述了城投公司所处的位置。遗憾的是，总结容易，实践起来却不那么容易，如何拿捏好这中间的度，实在是一门艺术，过度偏向哪一方，都会使城投公司失去自我。并且这个度也不是完全由城投公司自己来把握的，与之相关各方的认知，也对城投公司的行动能力有着重要的影响。

市长就是董事长——董事长要懂市场

市长的犹豫

某市城投公司经过多年的反复融资，资产负债率越来越高。起初市长对城投公司非常支持，但是当城投公司的财务状况日益恶化时，城投公司仍然自信满满地不断给市长打报告，要求市长给自己注入更多的资产，以完成市政府新的重大项目的融资。这时市长也有些犹豫了，城投公司已经处于这种状态，注入多少资产才能融进来新的资金，把城市资源继续往里注还有价值吗？在城投公司不断的报告和市长的犹豫中，一家新的城投公司诞生了，城市资源被注入打造出一个没有历史包袱的新平台。老城投呢？先还着利息吧，本金将来再说。

案例中的故事并不是个案，类似故事还有着各种各样的变化形态，比如有些城投公司为一个项目完成了一笔融资，还没等用，却已经被市长分配到别的项目上了。市政府决策给了城投公司很多资产，城市里的物资公司、办公楼、自来水公司等统统划到了城投公司的名下，市长问城投公司的总经理，你现在资产规模够大了，怎么还融不来资呢？城投公司老总却说，资产在哪儿，我只看到一纸公文而已，这些资产跟我有什么关系？

这里所说的市长，并非仅指现实中的城市一把手，而是代表了城市政府的领导班子。

市长实际上可以看成城投公司背后的决策者，是城投公司生存和发展所需资源的调动者。市长决策的基础是对城投公司的定位认知，认知不同，其决策的选择也会有所差别。这种对城投公司的定位，既有自上而下的认知，也有自下而上的认知。

首先是自上而下的，即市长对城投公司的认知。当市长把城投公司的职能单一化，如只当成一个提款机时，城投公司就不再是一个“公司”，也不再是一个“法人”，而是一个跳板。在这种认知下，对待城投公司的方式必然功利性色彩十足。

就自上而下的认知而言，市长首先应把城投公司当作城市战略实施者的角色以“法定”的形式确定下来，并站在城市战略可持续发展的角度来看待城投公司的发展问题，才可能去思考如何把城投公司养好、用好。

市长应站在城市战略可持续发展的角度来看待城投公司的发展问题。

城投公司的定位，也是一个自下而上的认知问题。说到这里也不得不提一提市长的无奈。很多城投公司的一把手，经常强调要“讲政治”，把自己的定位功利化，思维模式单一化，因而在承接市长交办的任务时，把融资这么单一的角色当成了头等大事，总是在不断的给市长打报告，要求给资源，做大资产。看不到市长的反馈时，又搞不懂为什么不能获得市长的支持？殊不知，市长看到这样的报告更加无奈。为了完成一点融资任务，这么多资源给谁都能把钱融来了，还要城投公司做什么？为什么很多城投公司的董事长由市政府的秘书长、主管副市长甚至是市长来担纲，其实所谓的容易协调只是一方面，主要目的还是为提高城投公司一把手的思维层面。

城投公司老总应换位思考，才能影响市长的认知，从而为公司的发展创造良好的外部环境。

就自下而上的认知而言，当城投公司的一把手把背靠市长当成了全靠市长时，城投公司也就个性全无了。因此城投公司的一把手，必须有能力换位思考，站在城市发展战略的角度思考问题。只有这样，才能够影响市长的认知，从而为自己的发展创造良好的外部环境。

城投公司统筹——别来铲我家地皮

那是你的事儿

某城投公司开发一片新城区，站在为城市发展服务的角度，要统筹各项工作，经过深入研究后，着手对各方面的工作与各个政府主管部门对接，不料却屡屡碰壁。规划部门说："规划是一件专业工作，是我们主导编制的，你就是个执行者，你凭借什么资质来对我的规划提意见？"卫生部门说："医院就要放在这块地上，你说影响周边开发，那是你的事儿，我要保证符合规范，要保证安全，否则出了事儿你负责，要么你找市长说去。"更有甚者，城投公司来，一律不接待。

总之一句话，别来铲我家的地皮。

作为城市建设管理工作的统筹者，城投公司必然要与规划、土地、建设、财政、各种公共服务设施的主管部门进行协调。

城市开发是一个系统工程，要研究城市开发工作，必须要深入研究城市建设管理过程的各个环节。在城市建设管理过程中，政府下属的各职能部门，其日常工作更多的是从管理角度而不是从城市经营或发展角度界定的。城投公司作为城市建设管理工作的统筹者，起到了从实施层面整合各方面职能的作用，提高了城市慢变量——各类基础设施和公共服务设施——的进化效率。因此城投公司必然要与规划、土地、建设、财政、各种公共服务设施的主管部门等各方进行协调，并从整体经营角度提出自己的意见。

但统筹绝不是简单的执行过程这么容易，它必然会对各部门的管理工作产生反馈。在这一过程中，城投公司要面对的协调工作，其难度和广度远高于任何一个商业开发项目中可能出现的状况。当城市的各职能部门尚没有意识到城投公司作为城市价值提升者的重要性时，仅把它当成一个一般化的市场主体来看待，必然会对其产生排斥心理，对其提出的各种意见视为越位行为。在这种情况下，城投公司不但起不到整合作用，相反会比一般的市场投资人，更容易受到管理体制的束缚，从一个城市发展效率的提升者变成了条框管理体制的受害者。

因此对城投公司定位的认知，除了市长的认知至关重要外，还与政府各职能部门对城投公司的认知密切相关，这中间蕴含着城市职能部门管理职能过强和发展职能不足之间的矛盾。因此在很多新城、新区、产业区之类的建设过程中，都要设立专门的管委会，管委会实际上是一种以发展职能为核心的机构，城投公司与管委会进行合作在大多数情况下要强于与各职能部门的合作。

各职能部门对城投公司的定位认知蕴含着城市职能部门管理职能过强和发展职能不足之间的矛盾。

要解决政府各职能部门的认知问题和习惯思维，政府应当改变那种简单的以一纸文件解决一切问题的简单化处理问题方式，可以尝试通过法规、管理办法抑或是详细的合同，把各职能部门与城投公司在业务运作过程中的对接方式进行清晰的界定。这种界定，实际上是城投公司背靠市长、实施城市战略这一定位在操作层面的落实，有利于将政府各职能部门对城投公司的管理从操控一切拉回到帮助扶持的层面上来，避免各部门划地为营的情况出现。

探讨通过法规、管理办法或合同方式，把各职能部门与城投公司的对接方式进行清晰的界定。

市场化时代到了——进军房地产吗

要不要搞房地产

某城投公司承担市政基础设施和公益设施建设工作，先期大量投资后，政府的财政支持却有些跟不上。市政府要求城投公司通过市场化的方式来解决。城投公司于是给市政府打了一份报告，请求利用一级开发工作，将大量土地带规划条件直接挂牌给城投公司自己用于房地产二级开发，用二级开发收益平衡基础设施建设的亏空。

市场化是城投公司一直在探索的方向，但是这其中有很多的误区，其中有来自主管部门的，比如财政部门向城投公司提出，城投公司应市场化运作，不要来跟政府要条件。这种认知是将城投公司的市场化业务，简单理解为要求城投公司去参与市场竞争充分或是市场化规则很清晰的业务领域。这种认知是没有认清城投公司的业务特征所导致的。

当然，城投公司自身也有认知误区，那就是想以平衡公益性项目投资为借口，进入房地产开发之类的市场化领域，用这些业务赚的钱来弥补公益性项目投资造成的亏空，或者是把土地一级开发或是基础设施建设这样的业务当成了进入房地产开发领域的跳板。这些认知实际上抹杀了城投公司的核心价值。

城投公司的核心价值是把城市开发工作，按照投入产出清晰的模式来运作。

城投公司的核心价值，是要把城市开发工作，按照投入产出清晰的模式来运作。城投公司可以通过自身的运作，提高市场投资人对于城市发展的信心，以引入专业和成熟的市场投资人；或者是通过自身的探索，在那些原本盈利模式不清晰的领域，探索出一套盈利模式清晰的路子，让更多的投资人能够进入这些领域，促进城市快速发展。

如果城投公司抛弃自己的核心价值，放弃自身固有的领地，或者把自己原有的业务作为一种跳板，进入市场机制已经发育成熟或者市场竞争已经十分充分的领域，对于一个城市发展来讲，城投公司不是在创造价值，而是在播撒负面效应，在这些领域中，城投公司所带来的价值，远不如一个专业的市场投资人。城投公司借助政府支持强行进入这些领域，实际上剥夺了优秀投资人进入的机会，而且让市场对城市失去了信心。

用房地产开发利润弥补土地一级开发或基础设施建设资金缺口，为政府财政开了一道预算外获取收入的口子。

从另一个角度来说，把这些领域赚的钱，比如房地产开发赚得的利润，来弥补土地一级开发或基础设施建设的资金缺口，实则为政府财政开了一道预算外获取收入的口子，严格地说这应当是一种“违法”行为。因此，城投公司应摒弃这种想法，政府也不应该饥不择食地鼓励城投公司的这种行为。

因此说城投公司业务要市场化，首先应考虑的是如何为其自身的业务探索建立市场机制，即公益性业务的市场化是要在根本上从其外溢性的回收出发，通过业务本身创造的收益或直接和间接带来的财政收入，来实现公益性业务投资的回收。城投公司也可以城投公司参与市场化程度高的业务领域，只是它的参与，与其他市场化企业一样，要按照这些领域的市场规则来做，并且要在这些领域与自身的公益性业务之间立起一道防火墙，不可混为一谈。

公益性业务的市场化要从其外溢性的回收出发。

城投公司参与市场化领域，要在其与公益性业务之间立起一道防火墙。

定位和使命——规则的基础

一家市场化的公司应当如何运作，每个人可以说出很多规则，如营销、竞争、生产管理、绩效考核、财务运作等不一而足。但是不要忘记，在这些规则的背后，有着默认的对公司定位的认知。正是这种认知的存在，人们不会把公司的财务运作规则应用到政府上，也不会要求一家市场化的公司天天去做公益事业。

"背靠市长，面向市场"，这是对城投公司定位的经典论述。要当好城投公司的一把手，确实是一门艺术，靠市长靠得太近，城投公司将失去自我。因为市长和政府各职能部门，首先是城市的管理者，作出的是行政决定而不是经营决定。背靠市长，不是一味地听从，而是要站在城市战略和城市发展的角度换位思考，要帮助市长建立起扶持城投公司的正确认知。面向市场，不是要参与成熟市场化领域的竞争，否则城投公司将会失去自身存在的核心价值，这样不仅不会提升城市价值，反而可能在降低城市价值，因为这些领域已经存在成熟和优秀的投资人，其运作效率和效益远高于经验匮乏的城投公司。当这些业务的收益与公益性项目的偿债资金混在一起时，又将为预算的体制外循环打通了一道暗道，这也不符合财政资金与市场收益划清边界的体制改革要求。

背靠市长要站在城市战略和城市发展的角度换位思考。面向市场，不能失去自身存在的核心价值。

市长和市场之间并不是一道夹缝，而是有着广阔的空间，是大有作城投公司要做好，可以从下往上推动，但是一定要从上往下落实。

为的领域。要发挥好城投公司的作用，首要的问题要从政府层面开始，以“法定”的形式把城投公司在一个城市中的定位明确下来，把政府各职能部门如何与城投公司对接明确下来，把城投公司可以做什么、不可以做什么明确下来。城投公司要做好，可以从下往上推动，但是一定要从上往下落实。只有这样，城投公司才能真正获得有力的支持。

第七章　城市发展战略误区

城市发展战略，是城市政府为一个城市经济、社会、环境的发展而制定的总体目标和方向，用于指导一个城市在较长时期内的行动。城市发展战略，简单一点地体现为一个口号，如“宜居城市”、“科技新城”、“绿色城市”等；或者是体现为对城市发展方向的定位，如“东进北拓”、“再造一个新XX”等；务实一些的，编制专门的战略发展规划，对这些目标加以更加细化的阐述。

城市发展战略对一个城市的发展来说至关重要，它决定了城市未来的发展方向，以及在经济、社会、环境等各方面的行动目标。城市发展战略的存在，对城投公司来说本是一件好事情，因为城投公司的核心使命就在于通过自身的经营行为，实现城市战略，提升城市价值。然而现实情况是，由于城市战略制定和实施过程中存在大量误区，使得城投公司在研究临门一脚时，却发现球门并不在应有的位置上，甚至球门不翼而飞，城投公司有力无处使，只有无奈地等待。

缺乏经济考量的城市战略——如何配置资源

二期工程的钱从哪儿来

某城市提出打造“宜居城市”的发展战略，作出了“造绿、造水、造景”的投资任务，总计数十亿元投资，交给城投公司来实施。城投公司集中了自己的所有资源，加上市政府“划”过来的大量资产，融资十几亿元，终于启动了一期工程，但两年时间过去了，之前筹来的钱用完了，需要继续融资。此时财政收入仍然没增加多少，造出来的这些景观、水系、公园，收的钱还不够维护费用，二期工程所需的钱从哪儿来呢？

城市战略的提出往往都立意高远，但常常缺乏经济考虑。

上述案例的情形也以各种各样的形式出现在各地城市中。城市战略的提出，往往都立意高远，出发点也是好的，但是一个普遍的问题是城市战略的制定，常常缺乏经济考虑。

城市战略落实到城市建设领域，通常都体现为城市基础设施条件、公共服务水平、环境水平等方面的提升，或是大型城市综合项目的开发等，最终落脚在一系列固定资产设施的改造、更新或是新建上，这些项目都是外溢效应比较强的项目。

但是在提出城市发展战略的时候，几乎很少考虑如何为落实这一战略配置相应的资源，这些外溢效应强的公共服务投入通常都没有直接的产出，如何收回投资变成了一个问题。

我们经常看到类似案例，完成了第一期的城市战略，到第二期时，因为资金链断裂而不得不放弃原来的战略，以一个新的战略取而代之，承担这样战略的城投公司只好要么拖延不做，要么做一个死一个。

飘忽不定的发展方向——我的钱该怎么投

没想到换了一届市长

某市政府提出了城市发展战略目标，要在该市西北方向围绕天然景观和一所大学的搬迁改造打造一个科教园区，并为此成立了管委会和城投公司。做了两年，投入了十几亿元，景观改造和大学的建设已经初见成效，没想到换了一届市长，新任市长提出要在南部打造一个新城，西北的科教园区不再作为发展重点。于是财政支持、土地指标统统转向了南部新城，还为此新成立了一家城投公司。前两年在西北的投入眼看要进入收获期了，却变成了遥遥无期。

城市战略的严肃性和长期性，对市场投资人而言，无疑是非常重要的信心来源。一个城市要实现可持续和高质量的发展，需要一批真正有理想、有长期投资能力的投资者与这座城市一起摸爬滚打、长期奋战，而不可能靠一批纯粹以赚钱为目标的投机客。

随着我们国家经济体制改革的不断推进，市场投资人这个群体的认知水平越来越高，他们投资于一个城市，无不是因为看好这个城市的未来，希望在城市的发展中获取自己的投资收益，因此一个稳定的城市战略和一个坚定执行战略的城投公司，对投资人来说，是评价该城市投资环境的重要指标。

现阶段城市发展过程中，城市战略的制定和执行的短期化特征非常明显。对于一个城市战略，不折不扣执行五年以上的非常少见，城市战略变成了周期性的领导班子任期战略。这种状况导致城投公司作为城市战略的实施者，始终面临着一个最大的风险，那就是钱可能投错了地方，也意味着跟随城投公司而动的社会投资人也把钱投错了地方。

城投公司作为城市战略的实施者，始终面临着一个最大的风险，那就是钱可能投错了地方。

飘忽不定的城市战略，受害的绝不只是一届政府，通常要通过好几届政府的努力，才能够改变外界对城市的认知。发展得比较好的城市，我们经常可以看到一个稳定并得到长期执行的城市战略在背后所发挥的作用。

说不清的城建体制——谁动了我的奶酪

只剩下基础设施用地了

某市围绕高铁站区规划了一个三十平方公里的新城区，作为城市未来新的发展空间。新区中规划有行政服务中心、物流中心以及完备的公共服务设施，还规划了大片的居住和商业用地。该市的城投公司在接手这个新区的开发任务时，公司上下无不雄心万丈，大家都想再打造出一座崭新的城市来，盘算着前期如何用居住、商业类用地的开发收益来平衡一部分基础设施投入，后期如何通过产业的引入保障新城区的财政可持续。

可是运作了一年以后，公司上下皆对此失去了信心，因为最大的几千亩完整的住宅用地已经被市政府以招商为目的，用非常低的价格出让给了一家大型开发商，原有核心区域的一些商业地则被省里、市里的各个部门以非常低的价格拿去盖办公楼了，剩下的净是些基础设施用地，投入多、产出少，外溢效应无从收回。面对规划图，惟有慨然长叹。

在上述案例中，到底是谁的错？是低价拿地的开发商和政府部门吗？是市政府吗？或者是城投公司吗？应该说都不是，我们有理由相信上述一切过程都是合法合规的，手续齐全的，但是又为什么出现这样的局面呢？

现行城市建设管理领域的规范不是一套科学的城市建设管理体制。

目前，城市建设管理领域，已经有了大量的规范、标准和程序性的规定，如关于招标的规定，各种类型项目建筑和施工质量的标准，土地出让程序的规定等。但是这些规范、标准和规定加在一起，等于一套科学的城市建设管理体制吗？答案是：不见得。

之所以这么说，一方面是因为城市并非各种项目简单的堆积，城市的功能需求和经济属性是相互联系的。抛开过多的因素不谈，城市开发有其自身的经济规律，如果违背经济规律，注定是不可持续的，注定是要失败的。

另一方面，在城市建设过程中，政府会不断面临着各种各样的诱惑，生地批租不计成本的“大招商大发展”、随意改变规划用途等现象屡见不鲜。如此一来，原本是一座可以自给自足的新城，越开发却越变成了有投入无产出的“死城”。

科学的城市建设管理体制，应站在城市系统角度来思考问题。

要建立科学的城市建设管理体制，必须要打破重管理轻经营、重局部轻全局的状况，站在城市系统角度来思考问题。

战略的实施——重建路径

城市开发如同战场，城市战略就是指挥棒，城市建设管理体制就是城市开发军队的纪律，而城投公司就是核心部队，各种友军都要依靠它遇水搭桥、逢山开路。当指挥棒东指一下、西挥一下时，当核心部队的保障力量今天撤一个轮子，明天挥霍一车粮食时，核心部队难免有力无处使。正如一些城投公司的老总说起市长思维很活跃时，有时是赞扬，有时透出的却是深深的无奈。

我们在辅助城投公司实施城市开发战略时，经常帮助城投公司研究编制实施城市战略的投融资规划，比如北京房山长阳镇的开发，淮南市山南新城的开发。有人质疑，投融资规划不就是算一个平衡账吗？其实，这是对投融资规划一种十分严重的误读。首先，投融资规划从经济可行性角度研究和分析城市战略和城市规划，并根据研究结果对城市战略和城市规划进行修订。其次，投融资规划从路径层面研究城市战略和规划的实施模式，使其跳出先吃肉再啃骨头的思维惯性和惰性，将各种资源在整个区域内进行合理配置。第三，投融资规划从经济角度告诉城市管理者和实施者，抵御不住诱惑、不按照经济规律办事的严重后果，并通过将投融资规划上升到法定的层面，将各种利益关系显性化，通过利益相关方的共同监督，来抑制实施者的冲动。

换言之，投融资规划是一种城市建设管理过程中的统筹兼顾手段，随着实践的深入和对经验的不断总结，从统筹兼顾角度出发制定的城市建设管理规范，必将成为各种规范、标准和程序的融合剂，使这些零散的体制在融合剂的作用下起到1＋1＞2的整合效果。

城市建设管理规范应从统筹兼顾角度制定。

第八章　不成熟的金融环境

城投公司产生的最初目的，其核心职能之一是融资。然而，生存在不成熟的金融环境之中，城投公司的融资和壮大，并不完全是主动行为，有时是被做大的。

开发性金融——热度不够的雪中之炭

表 3—1　2009 年东中西部城投公司发行企业债情况

地区	城投数（个）	发行数（支）	平均资产（亿元）	总规模（亿元）	平均规模（亿元）	平均期限（年）	平均利率（%）
东部	62	65	284.00	916.2	14.10	7.31	5.66
中部	31	32	134.23	379.8	11.87	7.22	6.46
西部	10	10	247.73	156.5	15.65	7.70	5.70

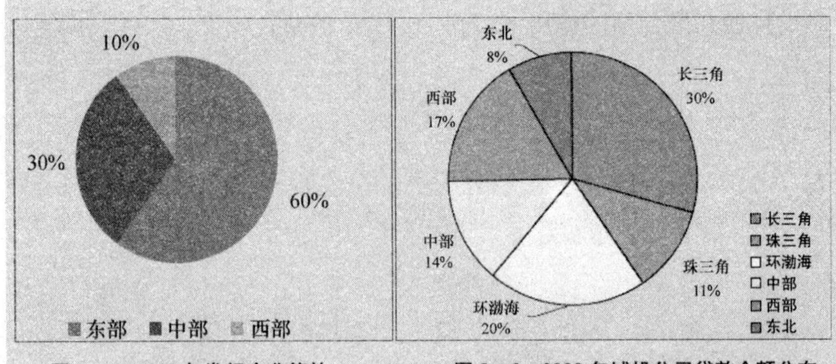

图 3—1　2009 年发行企业债的城投公司分布

图 3—2　2009 年城投公司贷款余额分布

——数据来源：中金、银联信研究报告

从 2009 年发行企业债的城投公司区域分布情况来看，东部地区发行企业债的城投数量最多，共有 62 家，占比达 60%；中部地区次之，有

31 家城投公司发行企业债，占比 30%；西部地区最少，只有 4 家城投公司发行，占比为仅为 10%。根据国家统计局的资料，东部地区包括北京、天津以及长三角的上海、浙江和江苏等省份，多为经济发达地区，城市化水平较高，人口稠密，因此对基础设施的需求逐年增加；另外，东部地区各地方政府财力雄厚，可对城投公司提供各方面的支持，因此该地区城投公司普遍资产规模庞大，财务状况良好，融资能力强。这是东部地区发行企业债城投数量较多的两个主要原因。

相反，西部地区除重庆外多为经济欠发达省份，相对于东部地区，西部地区地方财力较弱，城投公司规模也较小，只有 10 家城投在 2009 年发行了企业债，而且其中有 6 家集中在西部经济较好的重庆和成都两市。

中金的研究报告统计了中国各个区域城投公司贷款余额的分布情况，与企业债地区间的发行趋势基本一致。数据显示，长三角地区城投公司依然是贷款大户，余额占比高达 30%；加上珠三角和环渤海湾两个经济较发达地区，以上三个地区贷款余额占比高达 61%；而经济欠发达的西部和东北地区，贷款余额占比分别仅为 17%和 8%。由此来看，城投公司发展与城市地区的经济水平息息相关。

——根据 2009 年中金和银联信研究报告整理

国家开发银行推行的开发性金融政策，推动了一大批城投公司的壮大。从城投公司推动城市基础设施和公共服务设施成熟，提升城市价值，促进市场化投资人进入这一角度来看，城投公司承担的投融资角色，本身就带有强烈的开发性金融特征。

但是开发性金融仅靠国家开发银行一家经营是远远满足不了城市建设融资需求的，更有针对性的市政信贷市场尚未建立，亟待融资支持的城投公司不得不将目光转向了商业金融市场。但商业金融规则的盈利导向非常明确，谁的信用条件好就把钱贷给谁，贷款周期相对短。正如我们从上述案例中所看到的现象，难道发达地区比不发达地区更加缺钱吗？显然不是。

商业金融对城投公司所起的作用，不是雪中送炭，而是锦上添花。

商业金融市场对城投公司这一开发性金融的实践者所起到的作用，不是雪中送炭，而是锦上添花，由此进一步加大了地区间的不平衡，这种不平衡是国家财政转移支付远远难以抵消的。

把钱借给政府没错——被做大的城投

从没钱到有钱花不出去

2009年，某市为了完成融资任务，在某金融机构的建议下，将几大城投公司合并成一家，使得资产负债表迅速膨胀，从而获得了很高的评级，迅速获得了几十亿元的贷款额度，金融机构要求城投公司一次性把贷款全部提走。城投公司于是一下子从没钱，变成了钱一时多得花不出去。

有时可以听到城投公司开玩笑，“我们用的不是银行贷款，用的是当铺贷款”，你把资产做大点，多弄点抵押给银行，银行就能贷给你了。

在融资的单一导向下，城投公司的资产“被”做大了

在融资的单一导向下，城投公司的资产“被”做大了，大量的城市资产被“整合”在一起，至于这些资产并在一起是否能发挥协同效应，并不是借款人和贷款人关心的问题，只要能贷到款、能把款放出去就行了。

2009年被称为城投公司的融资盛宴之年，但是这场融资盛宴背后，谁是真正的推手呢？

城市金融平台——开发性金融走向纵深

从第二篇的论述我们可以知道，中国的城市化正处于高速发展过程中，且带有强烈的调控特征。政府通过城投公司来提高对基础设施和公共服务设施系统（即城市系统演进的慢变量）的投资强度和发展速度。如果单纯靠城市财政必然不能满足发展的要求。而开发性金融在中国的城市化模式下，具有更加深远和重大的意义，城投公司正是开发性金融的落脚点。

从发达国家复制过来的商业金融模式，无法针对性地满足我国城市快速发展的需求。现实情况是，我国金融体系商业化的速度远高于市场经济发育水平和城市均衡发展水平。商业金融的逐利性和避险性特点，需要借助借款人已经建立起的信用能力，不能够起到帮助信用不

足的地区发展和培育信用能力的作用；目前我国经济发展的状况，使得金融资源在中国的不同省份之间，一个省份的不同地区之间，以及大城市的不同区县之间，按照富者愈富、贫者愈贫的模式流动和分配。这种不平衡，加之金融资源的杠杆特征和放大效应，很大程度上抵消了中央政府和地方政府为消除地区发展不平衡、促进落后地区发展而实施的财政转移支付政策的效果。

金融资源按照富者愈富、贫者愈贫的模式流动和分配，部分地抵消了中央和地方政府的财政转移支付政策的效果。

是不是商业金融资源不应该为城市政府和城投公司所用呢？显然不是。我们所需要更加重视的，是城市政府和城投公司如何才能更好地利用金融资源。

在这方面，开发性金融应当起到两个层面的作用：

第一个层面，开发性金融应当起到对接城市财政信用，推动地方城市发展的作用。以国家开发银行为代表的开发性金融机构，已经起到了很好的示范作用。但是不得不说，单单依靠他们的力量，还远远不能够满足现实的需要。

第二个层面，开发性金融应当承担起促进落后地区发展，减弱地区之间金融资源不平衡，帮助落后地区更好地进入金融市场的作用。当前的开发性金融模式，有很多帮助不发达地区发展的成功案例，但是其效果仍然被淹没在商业金融的马太效应[①]之中。

地方开发性金融机构的建立可以弥补国家层面开发性金融机制的不足。

要解决上述两个层面的不足，应当建立专注于服务某一地区的由地方政府主导的地方开发性金融机构，以弥补国家层面开发性金融机制的不足。这种金融机构可以从城投公司中演化出来。

这种金融机构的存在形式，可以是地方性的金融服务公司、城市发

---

① 马太效应(Matthew Effect)，是指好的愈好，坏的愈多，少的愈少的一种现象。名字来自于《圣经·马太福音》中的一则寓言。社会学家从中引申出了“马太效应”这一概念，用以描述社会生活领域中普遍存在的两极分化现象。

罗伯特·莫顿归纳“马太效应”为：任何个体、群体或地区，一旦在某一个方面(如金钱、名誉、地位等)获得成功和进步，就会产生一种积累优势，就会有更多的机会取得更大的成功和进步。

展基金或是债券银行。其职能包括三个方面，一是帮助城市建设项目提供信用增强服务和模式转化服务，帮助城建项目更加规范地引入商业金融支持，将商业性金融的支持模式进一步转化为符合城市发展要求的金融支持方式；二是为不发达城市或不发达地区的项目提供信用支持，或是直接转贷支持，帮助他们从金融市场上获取更多的金融资源；三是帮助地方财政在不能够顺畅地发行地方债券之前，通过规范和清晰的出口，将地方财政信用能力向市场输出，使市场能够更加清晰地评价和管理城市融资风险。

财政转移支付的资金，通过地方开发性金融机构产生出杠杆放大效应，可以提高财政转移支付与商业金融之间的对抗能力。

同时，财政转移支付的资金，无论是财力转移支付还是专项转移支付，也可以变直接支付给地方财政，转而部分或全部地通过上述地方开发性金融机构，产生出杠杆放大效应，提高财政转移支付与商业金融之间的对抗能力。

我们相信，不久的将来，上述地方开发性金融机构一定会出现，并发挥积极的作用。

第九章　难以复制的城投模式

由于城投公司在城市发展中所处的角色特殊，其所面临的问题也充满了各种特殊性。因此城投公司常常四处打探，哪有成熟的“模式”可资借鉴，以解决我的燃眉之急？

永远的在建工程——尴尬的资产负债表

永远列为“在建工程”的道路

某城投公司老总与我们交流时，问到一个问题，道路该怎么提折旧？资产负债表上有好几条道路，虽然跑车已经跑了几年了，但是始终没法做竣工验收，一旦竣工验收，这些道路就得转成固定资产，就要开始提折旧，每年立刻面临着大量的亏损，所以只能始终挂着在建工程。还有污水处理厂，也有一样的问题，刚建成，但是这是个新城区，用水量还不大，收来的钱远远没法弥补折旧，怎么办？

城投公司做的是城市开发工作，投资的是城市资产，这些资产既包括市政基础设施、公共服务设施，也包括产业基础设施等。这些资产对于城市而言都是有价值的资产，但是其价值却不是简单的投入了就能够赚钱，而是整体上构建出了城市价值。换言之，对于一座城市而言，如果用会计手段来衡量其投入产出，城市资产是可以不断提折旧的，财政收入就是城市这个大“公司”的收入。

城市资产是可以不断提折旧的，财政收入就是城市这个大“公司”的收入。

用收付实现制来衡量城市的投入产出是我们国家现行的政府会计制度，尽管也做了一些权责发生制的尝试，但还局限在很少量的科目上。用权责发生制来制定政府会计制度，在新西兰、美国等都有一定的尝试，但是多应用于养老金、债务处理等比较成熟的领域。像城投公司这样把整个城市的一部分资产负债和经营工作转移进自己的资产负债表、损益表和现金流量表，却是一件很难有借鉴的事情。

将城市开发转化成经营模式的能力，需要创新的智慧。

而要处理上述难题，也有一定的变通方法，核心的工作就是如何将这些设施的外溢效应以相对可衡量的方式定量化，将其投资成本转入受益设施的成本中去，如土地成本中应当涵盖提升其成熟程度的基础设施、公共服务设施的成本，换言之，要处理这种情况，核心是将城市开发转化成经营模式的能力，这需要创新的智慧。

项目和城市——谁的风险更大

一个园区如何做可研

某城投公司开发一个产业区，在向金融机构融资时，经过发改部门批复的项目可行性研究报告成了必备的材料。城投公司经过测算，整个工业区的市政基础设施和产业基础设施投入，完全可以在十年左右通过土地收益、租金和地方税收收回，但是银行要求提供每个投资项目的可行性研究报告。

若要按照单个项目贷款，每条道路、每条管线自身并没有收益，怎么做可研报告，又怎么去评价风险？要是每个项目都是没收益的项目，就不能做成项目贷款，必须每个项目都要财政担保。

城投公司把整个产业区打包做了一个可研报到发改委。发改委却说，从来没这么立过项，没法给你批，就是批了，银行会认这种立项吗？

城市的收益评价和风险管理，与一个独立的项目截然不同。

城市是一个开放的复杂巨系统，城市开发工作是一项系统工程，城市的收益评价和风险管理，与一个独立的项目截然不同。

以一座建设在新城区的污水处理厂为例，为评价其效益，设施建设完成后的污水处理量将是核心的评价基础。要预测污水量，首先要预测其所在地区的城市建设速度、产业发展速度，从而推导出地区的人口、就业、产能等情况，再根据经验标准推断出这个地区未来一段时间内的净水用量，然后根据污水产生率、回收率、漏损率等经验数据，进一步推断出这座污水厂将来实际能够收集到的污水量。而这样的结果，是建立在一系列充满变数的假设基础上，这些变数完全不在污水厂投资人和金融机构的控制范围之内。

一系列看似清晰的数据构成的评价报告背后，却是各种模糊和不确定的风险因素。但是如果将众多单个的项目置于一个功能完整的城市区域中，从整体上研究城市开发的投入和产出时，我们会发现：通过整体控制城市开发进度和具体项目的进度，可以规避单个项目的建设与城市整体开发进度不匹配的风险，调控了其与城市建设进度的一致性，如果做得好的话，一座城市的抗风险能力要远远强于单个项目的抗风险能力。单一项目管理与复杂巨系统管理的鸿沟在这里微妙地显现出来，系统的动态性需要我们为城市开发建立起新的管理手段和管理指标。

通过整体控制城市开发进度和具体项目进度，调控其与城市建设进度的一致性。

由于系统性融资手段和风险管理手段的不成熟，或者说还没有成为一种标准方法，在以项目为中心的投资收益和风险评估机制下，系统开发项目被分解成了一堆风险不可控的固定资产项目。这是城投公司和金融机构共同面临的问题。这种问题也在很大程度上影响着金融资金进入城市。

XX 城投模式——怎么才能学到手呢

城投公司联谊会

城投公司联谊会是全国城投公司自发组成的，每年开三次年会，每次年会上都会请几家城投公司介绍经验。每年各地之间的城投公司互访活动也非常活跃。然而我们在与许多城投公司交流时却时常听到，XX 城投公司的模式非常好，但是我们却没法学。

城投公司这个群体，大概是我们见过各种类型的公司中，最好学也最乐于分享的一类了。我们经常陪同客户到一些运作比较好的城投公司去考察，虽然这些公司接待考察也不知接待过多少遍了，但是仍然会认真地加以讲解。为什么城投公司仍有上述案例中的疑问呢？

原因其实很简单，真正介绍经验的，大多都是超大城市的城投公司，而去学习经验的城投公司，能够把表面的运作方法学习回来，却无法把那座城市的经济水平、经济模式、城市形态等一并带回来，于是先进经验总是像“镜中花”、“水中月”一样吸引人，看得见却摸不着。

城投公司的经营模式要与所在城市的发展特征和任务相适应。

城投公司的使命，与城市的发展战略密切相关，与城市的发展水平密切相关，与城市形态密切相关。因此，城投公司的经营模式必然要与所在城市当前的发展特征和任务相适应。通常大家看到的一些被奉为楷模的城投公司，一方面通常诞生于市场规则发育比较成熟的地区，财政支持能力比较强的地区，他们能够更加自如地与金融市场对接；另一方面是他们都有着各自的历史渊源，从历史发展过程中形成了身边环境对他们的认知。

不但异地的城投公司模式难以学习，即便是处于同一座城市的区、县级的城投公司都难以学习市本级城投公司的模式。所以，对于大多数中等发达地区或是不发达地区的城投公司，有必要建立起与所在城市发展阶段相适应的模式，并需要金融市场以开放的心态加以理解。

因地制宜的模式——城投发展之路

城投公司这个群体，看起来远没有媒体眼中那些风云四起的风险投资机构、房地产开发商那样风光，能总结出一个又一个商业故事。对城投公司来说，说的不好听一点，颇有点“土老冒”的感觉。城投公司所从事的事业和面临的问题，需要有创新和智慧才能解决，很少有现成的“模式”可供借鉴，也没有一个“商业模型”框架能够套给所有的城投公司。如果要用一种具象和统一的方式来规范城投公司，其结果一定是大量发展职能被“规范”掉了。

那么这是不是说城投公司无法规范呢？当然不是。城投公司的运作，必须遵循因地制宜的方法。国发19号文提出了一系列大的规则，对城投公司的运作划定了边界，在这个边界之中还有很大的运作空间。同时，国发19号文也为城投公司未来的发展指出了一个大方向，那就是市场化。

城投公司的运作，必须遵循因地制宜的方法。

如何在城投公司的具体业务运作中实现这一目标呢？我们认为，虽然具体层面上无法一下子具象地把所有方法穷尽出来，但是存在方法论上统一的可能，那就是用系统工程的视角，把城投公司的业务，运用经济系统工程化的手段加以重整，使之符合市场运作机制。同时，上一章提到的地方开发性金融机构的建设，也将有助于从信用支持层面加速各种模式的形成。

城投公司业务的市场化应该运用经济系统工程化的手段加以重整，使之符合市场运作机制。

第十章　重塑城投公司发展规则

前面几章所列举的各种误区还远远无法覆盖城投公司所面临的所有问题。实际上，关于城投公司，还有很多有意思和有价值的话题值得深入探讨。

比如人才问题。无法招聘到优秀的人才，是困扰很多城投公司的问题。年轻大学毕业生不愿意来，愿意去听起来更为光鲜的金融、商贸、投资行业。成熟有经验的人才也不愿意来，更愿意去谋求进入一个容易与自己的固有经验对接的机构。大家并不清楚在城投公司工作能够学到什么，能够对自己未来的发展起到多大的助推作用。实际上，这都是社会对城投公司的认知不足导致的误区。可以毫不夸张地说，在城投公司工作，谋划和运作的是一座城市的发展。这种挑战对个人能力的锻炼，不亚于任何一个行业。

又如绩效考核问题。商科教材上的绩效考核方法，用在城投公司身上，经常会失灵，经典指标考核的对象往往与城投公司的实际成绩不沾边。

还有城投公司的薪酬水平应当向谁看齐，政府公务员、事业单位还是投资公司？城投公司能够走出所在的城市吗？如此种种不一而足，一系列的问题等着我们去破解。

城投公司是科学发展观在城市发展领域落地的重要载体。

作为一个“行业”群体，城投公司的数量、规模和对中国经济的影响力，即便在中国的所有行业中排不到第一，也一定是举足轻重的，并且是独特的。这个群体是科学发展观在城市发展领域落地的重要载体。

对于他们，真正需要的是重塑规则。这种规则既包括外部规则，如定位、使命、金融环境，也包括一系列的内部规则，如业务模式设计、风险管理机制等。

上述规则并非完全缺失，而是在实际的发展过程中隐形地发挥着作用，并有待进一步地明晰化和规范化。从这种状态，我们可以看到有形之手与无形之手的拉锯，不够稳定成熟的财政能力与高速发展的需求之间的空档，改变地区发展不平衡的需求与市场规则马太效应之间的矛盾。其中折射出的，实际上是中国经济发展过程中，作为核心发展载体的城市这一经济形态面对的种种矛盾。

这些问题背后，隐隐透出中国经济未来可持续发展的基因。城投公司规则的探索，也是中国模式的探索，有待于全中国的城投公司和有识之士们，发挥自己的智慧，闯出一条中国经济和中国城市的科学发展之路。

本篇我们以城投公司运作过程中面对的种种现象为基础，剖析了导致城投公司运作不良的深层次原因。

城投公司的问题，从来都不仅仅是内部问题，其中掺杂了各种复杂的外部原因和认知误区。

国家一系列规范政策的出台，给城投公司的发展提出了市场化这一大方向。但是这一大方向的执行还有很大的探索空间。当我们站在中国大部分地区处于城市化中期和加速时期这一大背景下来审视城投公司发展问题时，会发现市场化的含义绝不是简单的让城投公司回归政府或是走向商业竞争，没有任何简单的操作规则可以解决城投公司的所有问题。

用开发性金融的方法，用市场机制的内核来为城投公司建立起正确的外部规则和内部规则，才是逐渐化解城投公司风险的正确道路。而中国未来城市化水平和质量的提升需求，为城投公司的发展提供了

用开发性金融的方法，用市场机制的内核来为城投公司建立起正确的外部规则和内部规则，才是逐渐化解城投公司风险的正确道路。

更为广阔的空间。

城投公司之火不会在一片质疑声中熄灭，而应该凤凰涅盘，一飞冲天。

第四篇 谋划未来
——踌躇满志话城投

城投公司作为中国特色化城市路线的载体，必将在城市建设管理和资产运营等方面起到重要作用。本篇将探讨不同类型的城投公司向何处发展的问题，并对城投公司的发展前景进行展望。

引　子

诺贝尔经济学奖得主约瑟夫·斯蒂格利茨教授曾经说过，“美国的高科技和中国的城市化将是影响21世纪全球发展的两大重要事件。”

然而当前中国城市化水平与世界发达国家相去甚远，要想迎头赶上，未来中国必将迎来新一轮城市化的热潮。相信这样的浪潮必将成为未来几十年世界经济的重要动力。

城投公司作为中国特色城市化路线的载体，必将在城市建设管理和资产运营等方面起到重要作用。本篇将结合未来我国城市化的方向和特征，与现行经济体制对接，探讨不同类型的城投公司向何处发展，并对城投公司这一具有浓厚“中国特色”的特殊公司发展前景进行展望。

第十一章　新城市化时代

随着世界范围内的宏观经济、社会和自然环境的变化，中国经济和城市发展中出现的种种问题已经开始显露，利用中国旧有的城市化方式或直接沿用国外的城市化道路已经不再适应当前中国发展的步伐。本章将从整体的外部环境来剖析中国城市现状，探讨未来的趋势，同时梳理宏观外部环境对城市化进程的影响。

中国城市化——问题频现

改革开放三十年来，中国经历了人类历史上最大规模的人口从农村向城市的迁移，城市化率提高了 27.8 个百分点，平均每年提高 0.93 个百分点。截至 2009 年末，我国的城镇人口按统计口径算，已经达到了 6.22 亿人，全国城镇化率为 46.6％。

中国的城市化率从 20％提升到 40％只用了 22 年的时间，而英国花了 120 年，法国是 100 年，德国是 80 年，美国 40 年，日本 30 年，中国的城市化发展进程取得了举世瞩目的成就。

进入 21 世纪后，中国城市化进入加速发展阶段，中国经济结构发生了深层次的变化，政府加大了对城市基础设施和城市建设的投资，中国的城市人口规模迅速扩大，形成了长三角、珠三角、京津塘等国际知名的城市群。但是，受到发展理念上的认识不足和政治经济因素的制约，中国城市建设也遇到了一系列瓶颈。交通拥堵、环境污染、能源消耗加大、城中村等不可避免的城市疾病也愈演愈烈。

交通拥堵

自2000年以来，我国城市道路与公共交通投资累计超过2万亿元，但仍无法遏制城市交通拥堵的蔓延。交通需求猛增，而交通供给受限，再加上居民出行结构小汽车化是造成城市交通拥堵的主要原因。与快速城镇化同时出现的还有快速的城市交通机动化，我国城市交通的机动化在很大程度上表现为小汽车化，2008年我国私人轿车占民用轿车的比例高达80%。以小汽车快速增长为核心的机动化发展趋势，给应对城市交通拥堵带来了极大的挑战。

城市大气污染

一份世界银行2008年的调查报告显示，中国城市地区空气中悬浮的微粒和硫磺含量明显超过世界卫生组织规定标准，北京接近标准的6倍，城市的环境污染已经严重威胁到市民的身心健康和智力发展。

城市对能源大量消耗

“城市消耗了大量资源，包括水、食品、木材和金属，”联合国环境规划署执行主任特普费尔说，“城市也产生了大量垃圾，包括生活和工业垃圾、废水和与全球变暖有关的气体。因此，它们的影响已超出自然边界，影响许多国家、地区乃至整个地球。”

城中村

李伟在“统筹城乡发展，做好新城投融资规划”的报告(2005)中指出，有五个特征描述城中村：一是是否具有宅基地及农民私产房；二是是否具有宅基地以外土地；三是是否有农业户村民；四是是否有村委会或区域管委会等农村群众自治组织；五是是否有农民集体财产。在以上五个关键特征中，只要具备其中的一个特征，就意味着城中村的存在。

杨安在城乡建设杂志(1996)文中描述道，这里没有农村的清新，也没有城市的整洁。城中村内部看不到多少城市功能的痕迹，缺少上水和排污管道，缺少公共垃圾堆放与处理，偶尔还可以看到鸡或猪在城中村里散步。农村的气息在这里窒息了，城市的气息在这里全然不见。”

中国的城市化进程已经走到了十字路口，中国政府要作出新的抉择。

城市作为中国社会的重要组成部分，城市病已经不能再单纯作为区域上的问题来看待。一方面众多城市发展问题将导致中国社会思想基础、意识取向、言语行为的扭曲，一方面也严重制约和限制了经济的可持续发展。中国的城市化进程已经走到了十字路口，中国政府要作出新的抉择。

积累多年的城市病

城市作为政治、社会、经济、人口、文化等人文要素的聚合体，从很大程度上讲，城市化水平反映了一个国家和地区社会组织和经济发展水平。

目前，中国国家和各级单位通用的城市化率衡量标准是以人口普查数据为基础，以城镇人口占总人口的比重来表示。但是，城市化水平是一个综合性的指标，单纯从人口讲，城市化率的增长仅仅反映了农业人口转化为城镇人口的过程。从地理学、社会学和经济学等角度来看，城市化包含了更多的内涵。从地理学和规划角度来看，城市化是农村地貌转变为城市景观的过程；从社会学角度看，城市化过程中城市文明逐渐替代了传统的农业文明，农民的生活方式转变为市民的生活方式；从经济学角度看，城市化是由农村传统的自然经济转化为城市社会化分工生产的过程。

衡量城市化水平不能够仅靠户籍人口数据作为唯一指标，应综合考虑空间、经济和社会等诸多相关因素。

因此，城市化是人口、地域、社会经济组织形式和生产生活方式由传统的农业社会向现代城市社会转化的综合过程。衡量城市化水平不能够仅靠户籍人口数据作为唯一指标，同时应综合考虑空间、经济和社会等诸多相关因素，城市空间布局的演变、经济结构的调整和社会形态的变革都反映了城市化对社会和经济的带动作用。

2009 年，中国社科院一份《北京城市化进程评价研究》报告中将城市化水平具体分为四个层面——人口、空间、经济和社会。人口城市化主要指人口规模、人口质量、人口就业结构三个方面。三个指标，各有侧重；空间方面主要指空间的进一步升级——城市基础设施和公用设施的不断完备和改善，城市环境条件地不断提高；经济城市化主要则给出了经济发展的相关指标，例如经济规模的增长、经济结构的合理性、经济可持续发展以及经济结构的转型；社会城市化这一指标主要指的是城市社会事业的完善、居民生活水平以及信息化程度的提高，教育医疗卫生、社会保障等条件的不断提升。

表4—1 北京市与其它国际城市多指标城市化水平比较

单位：%

指　　标	北京	纽约	伦敦	巴黎	东京
人口城市化水平	98.8	100	100	100	100
空间城市化水平	82.3	100	100	100	94.5
经济城市化水平	80	100	100	100	100
社会城市化水平	75.3	100	97	100	100
综合城市化水平	83.6	100	99.1	100	98.8

任何一个国家和地区的城市化进程都包含了人口、空间、经济和社会的四方面变革的过程，缺一不可。因此，重新审视中国城市化会发现，中国城市病根源不在于大批农村人口向城市的转移，而是城市人口增加的同时，城市在空间布局结构、经济规模和结构以及社会生活转型层面没有做好充足的准备。

中国城市病根源是城市人口增加，但城市准备不足。

回顾过去几十年中国城市化所走的道路，成绩是需要肯定的。但更有意义的是发现城市发展建设过程中的不足，建立对城市化的正确认知，走出只用人口衡量城市化水平的误区，更多关注城市化过程中发生转变的其他要素和相关人群，在国家宏观政策的指引下，使中国城市体系建设更科学、更完善、更可持续。

走出只用人口衡量城市化水平的误区，建立对城市化的正确认知。

走出只用人口衡量城市化水平的误区

中国从“十一五”期间就已经开始布局经济发展模式的转型。过去三十年，出口经济成为中国取得巨大发展的主要动力，然而新的经济背景下，尤其是经历了2008年世界金融危机严重打击，中国不得不对原有的经济结构做出快速调整，投资和消费将替代出口成为未来中国经济发展的主要动力。经济结构和投资结构调整，将推动中国和世界金融贸易体系的调整与生产格局的变化。2009年中央4万亿的财政刺激政策，大面积投向了基础设施和公用设施等加速城市化发展的各项相关设施的建设，国家对投资和消费的拉动也将掀起新一轮城市化浪潮。

中国经济前行的另一个背景，就是全球气候变化的严峻形势对中国经济发展模式的转型提出了更高的要求。科学技术创新、产业结构调整升级和清洁能源的开发利用成为未来经济发展的趋势，中国已经向世界承诺在未来实现大幅碳减排量。

新城市化时代——发展方式的转变

空间组织特征的转变

城镇化与区域协调发展，凸显了新城市化时代的空间组织特征。

有许多专家指出，现阶段中国城市化更多是朝着城镇化与区域协调发展的方向前进，凸显了新城市化时代的空间组织特征。

第十届全国人民代表大会第二次会议上温家宝总理提出“壮大县域经济，稳步推进城镇化”，全国“十一五”规划建议中明确提出“促进城镇化健康发展。坚持大中小城市和小城镇协调发展，提高城镇综合承载能力，按照循序渐进、节约土地、集约发展、合理布局的原则，积极稳妥地推进城镇化。”虽然城市化与城镇化的提法在本质上没有区别，只是城镇化更具有中国特色，但从“十五”计划中城镇化提法的出现，能更清楚地反映出政府对城乡统筹一体化发展的思考，更直接地带动了中国诸多中小城镇的经济和社会的快速发展。

区域协调发展是中央对城市化发展的另一个重要指导方向。截止2010年1月，国务院自2009年起，短短的一年时间里共批复了13个上升为国家战略的区域发展规划，区域协调发展被提到了前所未有的高度。从城市的角度出发，区域协调发展将落足于区域内各城市之间的功能、产业、资源的协作互补，通过立体交通系统的有机结合，形成带有地区特色的城市群。

城镇化和区域协调发展使中国更大范围的地区和人民加入到城市化过程当中，有利于实现地区的均衡发展，也有利于打破旧有的城乡二元结构。

经济发展模式的转变

近些年，随着国际对全球气候变化的关注和思考，欧美诸多发达国家在城市的发展模式方面率先走出了一条转型之路。中国作为世界大国，在国际政治和经济地位不断攀升的同时，也需要顺应国际趋势，履行大国对世界环境等问题的义务。随着科学发展观的深入实践和国际先进理念的引入，中国城市化从概念、模式到技术上也有了诸多崭新的提法，如新型城市化、两型社会、低碳经济等。

新型城市化、两型社会、低碳经济等成为中国新型城市化的崭新提法。

新型城市化的提出

2007年5月，温家宝总理在长三角经济社会发展座谈会上，明确提出“不仅要坚持走新型工业化道路，而且要走新型城镇化道路”。

中国坚持走新型城市化道路，要加快转变经济发展方式，在城市化进程中实现资源节约、环境友好、城乡统筹、社会和谐。建立政府引导、市场主导的机制，坚持可持续集约发展，以城市群为主体形态的大中小城市和小城镇协调发展的多元化城市化模式。

两型社会的提出

2007年9月8日，胡锦涛在亚太经合组织第十五次领导人非正式会议上的讲话强调，“应该建立适应可持续发展要求的生产方式和消费方式，优化能源结构，推进产业升级，发展低碳经济，努力建设资源节约型、环境友好型社会，从根本上应对气候变化的挑战。”

2007年中央国务院正式批准武汉城市圈和长株潭城市群为“两型社会”改革试验区，是落实国家科学发展观、建设资源节约型和环境友好型社会、转变经济发展方式重大战略部署，有效促进区域协调发展，构建中部崛起重要支点。

低碳发展理念的提出

“低碳经济”最早见诸于政府文件是在2003年的英国能源白皮书《我们能源的未来：创建低碳经济》。低碳经济是以低能耗、低污染、低排放为基础的经济模式，是人类社会继农业文明、工业文明之后的又一次重大进步。

2005年，《中国和欧盟气候变化联合宣言》在北京发表，中国官方第一次提出：“将在低碳技术的开发、应用和转让方面加强务实合作，以提高能源效率，并促进低碳经济。”

2009年，亚太低碳经济论坛中国峰会上，来自国家发展和改革委员会的有关负责人提出，“我国将以资源节约、环境保护为基本国策，以实现可持续发展为国家战略，继续从调整产业结构、提高能效、发展清洁及可再生能源三方面积极应对气候变化，发展低碳经济”。

城市发展水平和转型诉求决定了中国城市必须跨越化发展。

中国目前的城市发展水平和转型诉求决定了中国城市必须跨越化发展。目前，中国与欧美发达国家平均80%的城市化率仍存在较大差距，如果从公共设施配套、社会保障和产业结构等角度衡量，这一差距有可能更大。城市研究学界认为，城市发展最为迅速的阶段是城市化率由30%向70%增长的过程。综合考虑，中国近十年至二十年不会放缓城市化的脚步，每年仍将以较快的增长速度发展。同时，为了顺应国际总体发展趋势，更重要的是实现中国经济社会的可持续发展，中国需要引入先进的理念、技术和产品，应用到城市基础设施和产业建设中。当下中国正处在一个特殊时期，经济发展、环境治理以及国际政治问题迫使中国必须走具有中国特色的城市化道路，城市化进程和城市转型两步并一步走。

城投公司——新城市化时代的弄潮儿

城市是实施国家战略的最佳载体。

中国经济社会的加速和转型使政府面临着严峻的考验。无论是区域经济发展还是低碳经济的探索，这些国家战略的谋划和执行除了中央层面的推动，更需要找到足以承载中国经济转型的实体。从中国的行政管理体制、经济体量以及组织关系来讲，城市无疑是实施国家战略的最佳载体。

在具体实施中，中国特色的城市化路线也就演变成具有特色的城市战略。诸多城市提出建设宜居城市、低碳城市、生态城市等口号，其实质是制定城市的发展战略。城市领导在落实城市战略过程中，通常会衍生出几大工程、几大项目，即城市战略不能只停留在概念层面，需要转化成城市各类有形或无形资产的建设和运营，并最终转化为投融资问题。

站在当前中国的发展阶段，中国城市战略主要围绕两方面问题展开，第一是对历史遗留问题的解决完善，第二是新建项目的落实。

过去几十年，在城市规划、土地利用、基础配套、技术水平、资金使用等诸多原因的共同作用下造成很多历史遗留问题，诸如城市布局混乱、土地利用效率低下、基础设施和公共服务设施配套落后、市区内高能耗高污染企业多、市民居住条件差等问题屡见不鲜。加快城市化进程，要求当代中国城市政府必须直面这些问题，加快旧城改造、技术更新、政策性住房建设和基础设施更新。

另一方面，很多城市由于受到发展空间的限制，不得不拉开城市框架，为满足更多新增人口和产业发展的需求，新建了许多卫星城、新区、新城和开发区。客观上讲，新建项目的上马在很大程度上促进了城市功能完善、产业发展和城市面貌更新。

在大多数城市，上述这些工作的执行都是交给当地城投公司来完成的。因此，以落实地方政府投融资任务为基本职能的城投公司，无疑将承担助推城市转型的角色。这就要求城投公司在推动城市发展的同时培养自身的核心能力，并把落实城市战略转化成公司自身的经营模式。

城投公司承担了助推城市转型的角色。

第十二章　建立清晰的业务模式

城投公司业务——因城而异

中国城市发展到现阶段，已经形成了诸多不同等级、不同规模、不同发展水平的城市。如从行政级别上来说，分为直辖市、省会级城市、计划单列市、地级市、县级市等；从城市规模上来说，分为特大城市、大中城市、中小城市等；从城市综合发展水平说，分为一线城市、二线城市和三四线城市。

因地制宜成为各地方城投公司发展的共同需求。

对于不同城市的城投公司来说，由于各城市资源禀赋、集约利用程度和经济发展水平的差异，城投公司的主要业务也各具特点。一线城市城投公司的业务模式不一定适合二三线城市，因地制宜就成为各地方城投公司发展的共同需求。

三四线城市的城投公司多以土地熟化作为核心业务。

在中国的城市当中，三四线城市的队伍最为庞大，是中国未来经济发展的基石。这一类城市的普遍特点是城市化水平较低，城乡差距较大，城市周边农村剩余劳动力在加速向城市转移。对于三四线城市来说，在解决了农民进城和提高地区设施服务水平等基本问题之后，必须要走出具有特色的产业发展路线，积极为市民提供良好的居住环境和充足的就业岗位。而作为居民生活及产业发展的承载，城市建设用地成为该类城市未来发展的主要需求，大量的存量和增量建设用地将通过土地熟化转化为城市建设用地。

因此，这类城市城投公司的核心业务是以土地熟化工作为主，以良好的基础设施和公共服务设施配套为基础，为产业创立或资金和人才的引入创造良好条件。

二线城市同样具有三四线城市的基本职能和发展诉求，同时市民和企业对城市资源的使用效率和运营水平提出了更高的要求，这就需要各城市努力提高公用设施的供给效率和服务水平，从而导致了这类城市专业化城投公司的诞生，包括水务投资公司、交通投资公司、公交集团等。这些平台公司为城市公用事业发展提供了高水平建设和运营的保障，并借助合理收益实现自己的健康运营和发展。

二线城市的城投公司逐渐形成了专业化分工。

在北京、上海、广州、深圳等一线城市，人口众多，经济基础和资金实力雄厚，城市公共服务水平高，且每年城市固定资产投资数额巨大，逐步衍生出一批以经营金融产品为主、反哺到建设管理职能平台的城投公司。这部分公司利用金融杠杆作用，为城市的巨额投资提供了资金保障，同时具备了自身清晰的经营模式，提高了社会资金和城市闲置资源的使用效率，扩大了再生产可能。

一线城市的城投公司已经参与金融运作。

为此根据不同城市发展水平，总结城投公司业务如下：

表 4—2　不同发展阶段城市城投公司业务特点

	三四线城市	二线城市	一线城市
城市发展阶段特征	●城市空间拓展； ●城市功能配套。	●城市空间持续拓展； ●城市功能持续完善； ●旧城整治、改造需求加大； ●刺激产业发展。	●城市功能升级； ●城市空间演进与新城建设并存，开始向城市群转化； ●产业结构调整与升级； ●城市融资需求不断增加，引导金融服务业发展。

续表

	三四线城市	二线城市	一线城市
城市公共资源经济特征	●公共资源与市政设施利用效率不高； ●土地等城市资源价值实现能力不强。	●部分市政基础设施行业已有稳定现金流； ●公共服务向专业化方向发展； ●土地等城市资源价值初步显现； ●“城市无形资产”初步具备城市价值； ●资源型城市的转型依然在探索阶段。	●各类市政行业规模大，设施利用效率高； ●城市资源开发利用的外溢效应明显； ●城市发展模式转型的过程中衍生出很多新行业； ●周边城镇自身具备不同功能定位，与主城功能互相协调发展，从而实现区域整体功能的提升。
城投公司业务匹配性特征	●业务领域主要以土地开发为主，对政府资金支持政策依赖度强； ●与外部开发性金融对接； ●城市部分特色发展战略衍生出一些新的业务模式。	●各市政基础设施行业初步形成规模，投资回收渠道基本建立； ●以土地经营作为核心业务； ●城市开发建设的金融服务处于探索阶段。	●市政基础设施行业盈利模式清晰化； ●与社会资本对接频繁，与政府关系理顺； ●项目专业化、市场化运作； ●城市开发性金融服务承担起更多责任； ●多领域、多层面地服务于城市价值的提升。
城投公司设置特征	●以综合性平台为主。	●以综合性平台为主； ●部分行业形成专业城投公司； ●为部分特定的城市战略目标设立城投公司。	●城投公司分行业设置特征明显，市场化程度高； ●城市开发性金融服务平台扮演越来越重要的角色。

盈利模式——外溢效益内部化

城投公司需要正确结合所在城市自身的属性，以满足城市功能定位为诉求，以做实做强城投公司为企业发展目标，有效整合并科学统筹利用城市公共资产，针对不同类型资产探索不同的整合模式，重新进行创新设计，提升资源整体价值，从而为各类业务建立清晰的市场机制和盈利模式。

为此，城投公司一方面需要参考市场化企业的做法，借助类似商务协议的方式，明确公司与政府及其各有关部门和各利益群体的权益边界。另一方面，针对具有明显外溢性效益的业务，可以通过资源整合，以城投公司为载体实现城市资源的规模化、品牌化、高附加值，将外溢效应内部化。

以下将以新城开发、产业区开发、邻里中心建设等几项业务为例，简单介绍城投公司如何将项目外部效益内部化。

新城建设

目前很多城投公司都参与过新城建设，甚至不少城投公司的设立初衷就是针对本地区新城开发建设的。对于新城开发业务来讲，基本目标是实现建设期投入和产出平衡。新城建设初期，通常基础条件不足，基本无法实现平衡。城投公司的价值就是催化新城的土地熟化。

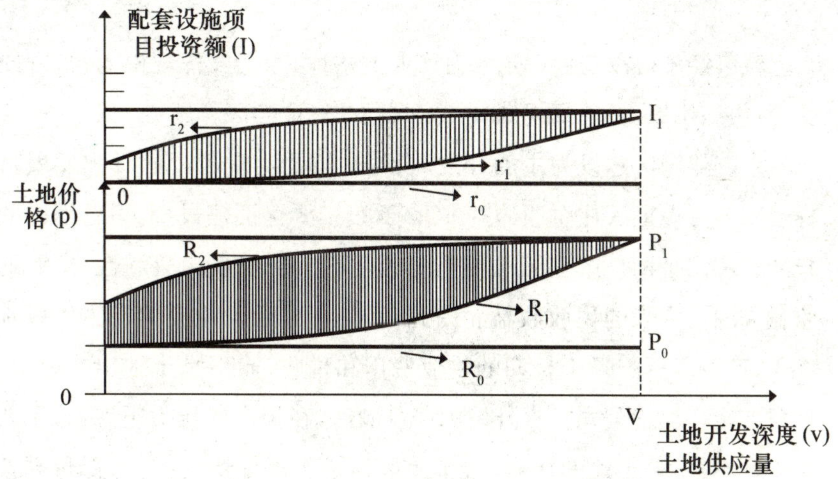

图4—1　城市整体土地开发策略图

资料来源：《城市开发演进管理的决策支持方法》，李伟、苏中友、陈民，《系统工程理论与实践》，2000年3月

如何实现土地应有的开发价值是新城开发的核心。

以居住和商业配套为主的新城建设，主要的收益来源为土地收益，未来形成的税收相对较少，而且达到一定规模需要长时间的发展和培育。因此，向土地要效益，如何实现土地应有的开发价值是新城开发的核心。

土地收益分配制度成为城投公司盈利模式建立的基础。

为此，需要城投公司整体统筹新城开发，以投融资规划作为控制手段，研究新城建设融资需求和整体开发价值，定量分析新城项目的收益预期，实现在金融市场的融资，合理调配建设时序，优先安排建设对地区价值具有明显提升作用的配套基础设施，提前释放土地开发效益，在前期就达到提升土地出让收益的目标，避免土地贱卖。这样，地方政府在保证城投公司回收成本的前提下，按比例分配城投公司新城的土地增值收益，土地收益分配制度就成为城投公司盈利模式建立的基础。

产业区开发

城市经济得以发展一定要有产业的落地，为了发挥规模效益，方便管理，集约用地，各地都规划有一定规模的产业园区。

产业区更着眼于长期的物业费用和税收，而不是土地出让收益。

以产业园区建设为主的开发项目，通常要实现若干建设和发展目标，第一，要保证入住企业的基本诉求，第二要保证建设期、运营期内的投入和产出平衡。产业园区的土地通常不具备很强的盈利性，主要的收益来源为未来的税收收益。因此，其与新城开发业务的最主要区别在于，产业区更着眼于长期的物业费用和税收，而不是土地出让收益。但目前很多城投公司负责开发的产业园区，在招商的压力下，进入了两个误区，第一是土地的让利，很多园区为了实现尽快的招商，低价划拨工业用地，甚至免费提供产业用地；第二是对企业税收的大幅长期减免。如果在招商过程中，政府同时承诺这两项优惠政策，产业园区的开发成本将很难回收。

城投公司的价值在于，第一是催化园区基础条件的成熟，配套入住企业需要的基础设施；第二是能够配合园区政府通过优惠政策引入一家或两家核心企业，增强园区的凝聚力，形成产业的带动作用；第三是构建具有产业扶植功能的配套服务和设施，如物业管理和金融服务等，加快形成产业集群。最终，实现产业园区多层次的服务体系。由此，不仅工业用地的地价可以回收成本，给予有限的税收让步，而且可以实现从招商到选商的跳跃。

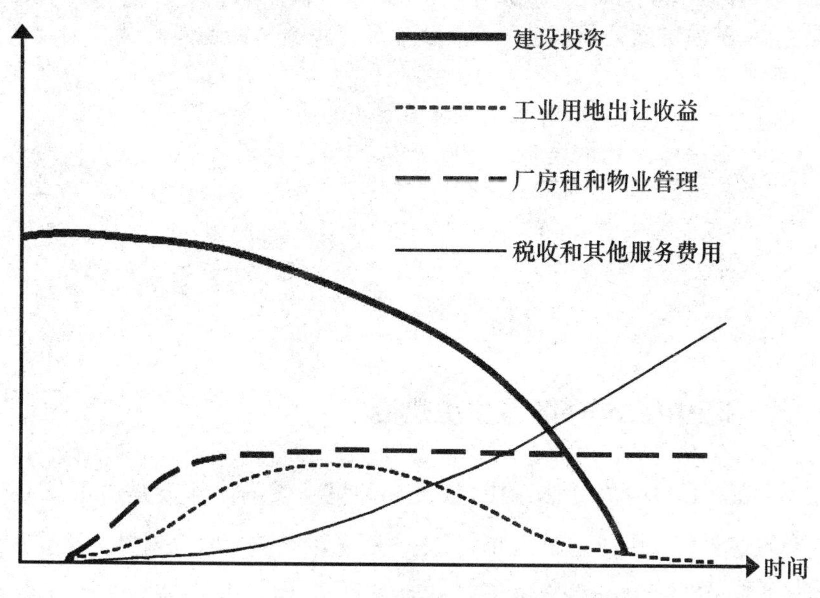

图 4—2　产业园区投入产出模式

鉴于产业园区的特殊性，城投公司作为投资主体，盈利模式可以由多种方式复合形成。城投公司前期建设和后期运营成本收益的主要来源至少包括：工业用地出让或出租收益、市政公用事业收费、多元化服务收入、标准厂房的出售或出租和物业管理等等。

城投公司作为产业园区的投资主体，盈利模式可以由多种方式复合形成。

中新苏州工业园开发区有限公司盈利模式

中新苏州工业园开发区有限公司（CSSD）作为工业园区内较大的开发商之一，遵循自负盈亏的原则运作，构建出清晰盈利机制。

该公司已形成了土地一级开发、房地产开发与经营、市政公用事业、多元化服务四项主营业务和赢利渠道。

一是土地一级开发。CSSD对土地开展一级开发工作(拆迁由园区管委会负责),土地出让金根据用地性质的不同和管委会设置不同的分成比例。

二是地产开发。房地产开发收入是CSSD的主要收入来源。CSSD下属的中新置地公司参与了园区内许多居住楼、商住楼盘的开发,包括湖滨商业楼、左岸商业街、幸达城等等。

三是市政公用事业。CCSD参股的中新市政公用发展集团公司参与了园区70平方公里的大部分供水、污水处理等基础设施的建设,市政公用工程收费已成为重要的收入来源之一。

四是多元化服务。CCSD开展了招商代理、工程代理、国际教育、物业管理及酒店管理等多种业务。CSSD积极拓展全球招商网络,已累计引进了3400个外资项目,累计合同外资350亿美元。

除上述四项主业外,工业物业开发也是CSSD的业务之一。目前CSSD持有的工业房产面积近110万平方米。

邻里中心与保障性住房建设

在城市社会发展体系中,社区和邻里发展的成熟度是城市发展水平的重要衡量因子。近几年,邻里的概念逐渐被中国规划界所接受。

邻里中心可以提升居住片区品味和提高服务配套。城投公司可以将邻里中心和政策性保障住房联合建设,营造邻里中心商业氛围。

"邻里中心"的概念来源于新加坡政府1965年推行并长期实施的组屋计划,从20世纪60年代初至90年代初,新加坡已经为中低收入阶层建成了62.8万个组屋,有240余万居民住进这些组屋,占国民总数的87%,已成为城市规划成功的写照。邻里中心最初是用来解决城市人口不断扩张对于土地的合理利用,按照4公顷到6公顷的开发区域进行配给。从人口规模来看,新加坡所指的邻里中心主要是社区商业的一种模式,但邻里中心开发又有别于成熟地块的商业项目,开发前期往往不具备商业核心区的商业氛围。

由于邻里中心建设可以有效提升居住片区品味和提高服务配套水平,对于改善我国政策性保障住房基础配套落后具有重要的借鉴意义。

目前,城市房价过高已经成为中国社会普遍关注的问题,对此我们要分类对待。各地政府为了解决中低收入家庭的居住问题，要建设足够的政策性保障住房。城投公司要在这一公益性事业中发挥价值，可以参考新加坡的做法将邻里中心和政策性保障住房联合建设，围绕邻里组团的人群特征，营造邻里中心商业氛围。

城投公司主要通过持有商业物业，收取租金，并享有周边因邻里中心建设导致的土地增值收益的分成，回收政策性保障住房和邻里中心的建设、招商成本并获得合理的经营收益。

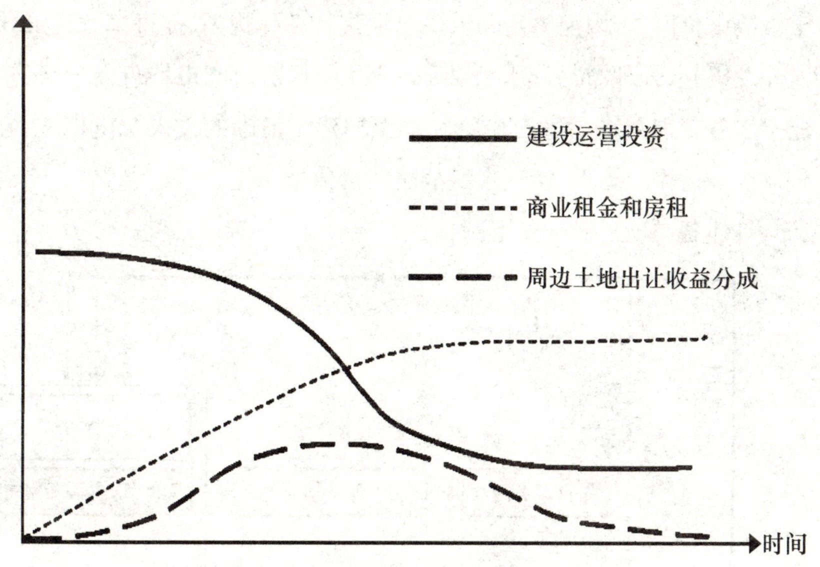

图 4—3　邻里中心建设投入产出模式

城市战略落实

为了营造具有特色的城市印象，各地城市都充分考虑本地自然、历史和人文特征，制定城市战略。城投公司作为城市战略的实施主体，既要实现城市发展目标，同时又要考虑整体实施过程中的投入产出，为提升城市价值构建合理的盈利模式。

城投公司在落实城市战略同时应构建合理的盈利模式。

以南宁建宁水务集团落实南宁市城市发展战略为例，阐释城投公司如何参与城市战略的实施。

2009年，南宁市提出做好“水”的文章，扎实推进城市水系建设，加快城市内河综合整治，构建现代亲水城市，打造“中国水城”的城市发展战略。

建宁水务公司主要负责南宁市城区内河整治投融资、建设和维护管理工作，并通过落实南宁市水城战略构建了清晰的盈利模式，实现了集团发展。从内河整治各项工作与城市价值提升的关系来看，建宁水务将其分为三个层次：通过河道疏浚、景观、靓化等工作整体提升了南宁市城市价值；将内河整治和沿岸土地进行整体规划，促进滨水区域快速开发兴起；合理布局滨水公共服务网络，打造南宁市特色商业形态。建宁水务分别围绕上述三个层次工作构建了清晰的投入产出模式，在整体统筹运作前提下，实现水城战略的价值最大化。

具体各类项目模式见下图：

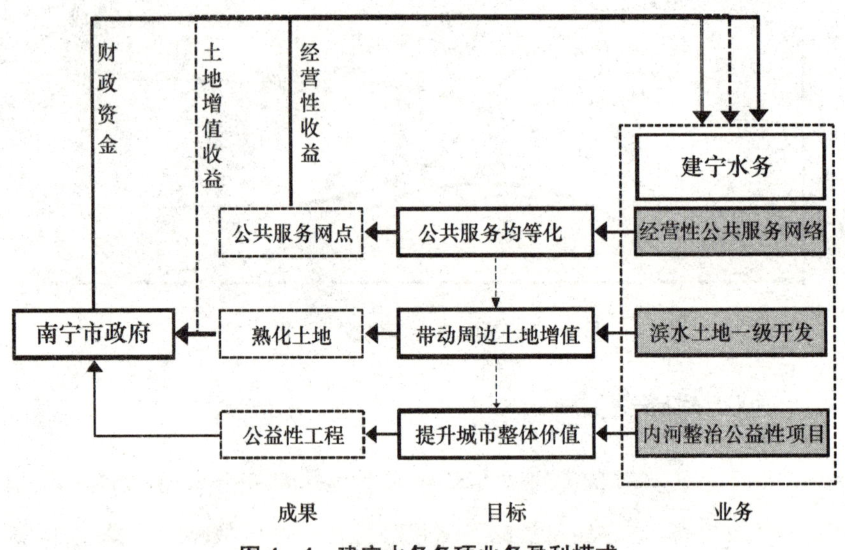

图4—4 建宁水务各项业务盈利模式

城市战略调整

中国现代城市建设的一段时期，缺乏城市规划体系对城市建设的指引，城市内部没有明确的功能区划分，更多地强调了城市的生产职能，致使城市的布局不合理，整体环境较差。为此众多城市提出了战略调整的指导思路，但是由于市内拆迁成本高，被拆迁企业苛刻的需求，往往难于实施，在此我们以重庆渝富公司为例，介绍城投公司如何参与城市战略的调整。

重庆渝富资产经营管理公司是国有独资综合性资产管理公司。渝富公司通过土地收购储备运作，为国企破产和搬迁提供资金，完成了市区内高耗能、高污染的企业搬迁工作。渝富为搬迁企业提供托底资金，解开了企业因资金短缺无法破产、搬迁，不破产、不搬迁就无法出让土地的死结，先后完成了重庆特钢、天原化工和嘉陵集团等大型国有企业的环保搬迁工作，降低了国企搬迁的成本，促进了企业的发展，加快了企业技术的升级改造。污染企业搬出后，渝富公司再会同规划、建委等部门对搬迁原址土地进行统一改造，这一举措有效改善了重庆市城市环境，高效配置了土地资源，最终实现城市整体价值的提升和战略调整。

政府信用——城投公司该如何利用

国发 19 号文明确提出“地方各级政府及其所属部门、机构和主要依靠财政拨款的经费补助事业单位，均不得以财政性收入、行政事业等单位的国有资产，或其他任何直接、间接形式为融资平台公司融资行为提供担保。”在以往的操作中，城投公司在建设公益性项目时，地方政府通常以出具担保函，提供临时性偿债基金、承担有限部分偿债职责等行为为城投公司提供担保，政府信用是城投融资的法宝。但在未来，这些行为将被禁止，这对城投公司利用政府信用融资提出了难题。

国发 19 号文件的颁布为城投公司利用政府信用融资提出了难题。

有一点需要明确，中央和地方的投资需求始终大于过去的积累，尤其是固定资产投资，因此需要利用开发性金融理念推动城市发展，以政府为入口，通过制度完善、规则建立和金融创新指向市场出口。开发性金融的基本理念是以国家信用为基础，由于地方政府信用建立在国家信用基础上，因此，对内就转化成以中央和地方政府的信用为基础。为此，城投公司作为地方投融资重要载体，依然离不开政府信用的支持，仍然需要利用政府信用为未来的投资需求寻找资金来源。目前，针对城投公司这一开发性金融载体的政策性银行只国家开发银行一家，且由于繁杂的资金审批流程，加之国发19号文对融资平台的限制，已经无法满足地方政府的固定资产投资需求。需要找到新的出口解决城投公司融资问题。

城投公司作为地方投融资重要载体，离不开政府信用的支持。

通过省级和大城市市本级的金融服务平台，来补充国家开发银行的开发性金融服务职能在中国各地区操作层面的不足，是一种全新的尝试。各地可以探索通过这一层级实体的建立，利用开发性金融职能来为城市公益性项目提供信用支持，解决具有外溢效应且不易于回收成本项目的信用担保和融资问题。同时由于商业金融机构不采用开发性金融对地方政府和城投公司的评价方法，无法有效控制风险，所以开发性金融机构对城投公司的增信，可以有效引入商业金融机构的支持。

建立省级金融服务平台补充国家开发银行的开发性金融服务职能是一种全新尝试。

事实上，世界上很多国家和地区都已经建立了地方性的开发性金融机构。这些可以直接到资本市场融资的金融机构的前身往往是一些纯粹由政府发起组建的投资基金。这些金融机构通常是混合式组织，在初创时期主要依靠地方政府的支持，扮演政策性金融角色。他们可以直接从资本市场融资，然后购买地方债券或直接贷给城市政府及其机构。这类金融机构的独特功能就是可以为一些只有较少信贷纪录、信贷评级较低，无法直接进入商业资本市场融资的政府和机构提供融资服务。

加拿大的阿尔伯特市政融资公司即属于此类金融机构。

加拿大阿尔伯特市政融资公司

阿尔伯特市政融资公司成立于1956年，是《阿尔伯特市政融资公司法案》批准组建的政府控制的非营利性机构，主要职能是对本地的股东（不同行政级别政府和机构）的基建项目提供融资支持、贷款谈判以及发行债券等。

2009年，阿尔伯特市政融资公司总计提供了792亿美金的贷款，主要投向包括城市排水设施建设，交通运输，城市建筑物、道路、垃圾、电力和天然气以及设备等。阿尔伯特市政融资公司的主要收入来源是借款利息，2009年实现收益21.42亿美金。

公司股份分为5个等级，省政府拥有4500股A级股份，直辖市、特别行政区域（排水区、灌溉区和机场管理区等等）以及医院机构拥有1000股B级股份，城市拥有750股C级股份，城镇和村庄拥有750股D级股份，500股E级股份则属于教育部门和学校。除董事会决议通过外，任何股份持有者不得转让所拥有的股份。

《阿尔伯特城市融资公司法案》规定了阿尔伯特市政融资公司的职能：第一、经董事会批准后，为股东们提供融资服务；第二、公司通过发行债券、回购、偿还等方式借款、融资或担保等；第三、购买股东的债券，并向其他投资者出售。阿尔伯特市政融资公司既可以在加拿大境内融资，也可以从国际市场融资。所筹集的资金主要由公司引导，用以购买股东的项目债券。

阿尔伯特市政融资公司购买股东发行的项目债券必须满足下列条件：项目必须获得各级政府的批准并通过公民投票表决；必须符合公司债务上限的相关规定；相关城市政府必须给予明确的还款来源（例如某项税收）用于支付该债券的本金和利息。另外，公司在投资项目债券时必须制定详细的投资计划、借款计划以及程序和标准等，规避风险。

阿尔伯特市政融资公司的贷款以及发行债券的本金和利息都由省政府提供全额担保。地方政府以及相关机构向阿尔伯特市政融资公司借款期限一般为3年以上，例如城市运输和消防设施的贷款期限为15年；用于道路质量提高的期限为20年；其他主要资本性基础设施项目的期限为25年，包括桥梁、公共设施，以及市政建筑和学校的建设等。根据法律规定，阿尔伯特市政融资公司不能进行任何项目的证券投资。

——据《阿尔伯特市政融资公司法案》和2000年亚行开发银行《应对城市化——中国城市管理与财政的战略选择》整理

在美国，类似的金融机构在各州都有广泛分布，但有一点需要承认，国外案例有其特定的法律和金融市场环境，中国各地方不能完全直接照搬，但是先进模式的核心思想和实现手段在中国具有一定的借鉴意义。

在中国现有的金融法律体系下，可以以省级或者大城市为主体建立类似金融机构，独立出金融服务功能，不再作为经营实业的载体。这类主体的主要任务是支持地方发展，为省内各地市城投公司提供信贷资金，有效连接各城投公司和资本市场，对现有城投公司资金来源体系作出补充。

省级金融机构的建立丰富了目前地方的开发性金融体系。更有利于地方的灵活操作，省级单位对本省内情况相对更加了解，通过对各地市城投公司增信，可以快速有效引入其他金融机构，同时降低各地市城投公司的融资成本。这一层级的介入，使资本市场不用再评估具体贷款项目，而是只用评估这家金融公司即可。

省级金融机构的建立有助于地方债务风险的控制。

省级金融机构的建立有助于地方债务风险的控制。第一，省级或是省会城市级别金融机构的建立，将风险统筹到省一级别，有利于中央的管控和省内的总体平衡；第二，金融机构需要建立自身的衡量评估规则，以开发性金融理论为基础，以财政风险为统筹，总体统筹控制省内各地市政府的债务风险。

省级金融机构的建立还可以实现不同地区的均衡发展。省一层级的机构要执行省级政府的宏观发展策略，部署战略重点，平衡省内各地市的诉求；同时省级金融机构可以放大省级财政的转移支付额度，弥补地区间经济发展差距。

省级和省会级金融机构的建立还处在探索阶段，需要各个省市充分借鉴国内外成功经验，并根据自身情况逐渐摸索，同时重视规范运作。

第十三章　带有转型目标的城市化

中国在21世纪初就意识到需要促进经济增长方式的转型，因此提出了诸多先进的经济发展理念，这些理念指向的就是科学发展观。胡锦涛总书记和温家宝总理多次提出落实科学发展观是系统工程，需要用系统工程化方法来指导经济增长方式和城市发展的转型。

城市是一个复杂的系统，转型主要是针对城市经济社会系统，工程化是指创造性地运用现有技术进行设计、开发和实施，从总体流程上实现项目的整体计划、要素整合、进度控制、任务分解、规范化和流程化操作，促成转型目标成果的落地和推广，将城市化过程转换为产品化、项目化、标准化和政策化的过程，为城市经济和社会创造效益。

两型社会建设——需要大智慧

"两型社会"建设是有别于传统模式的新路，有助于加快转变经济发展方式，促进经济发展与人口资源环境相协调。

"两型社会"建设，有助于加快转变经济发展方式，促进经济发展与人口资源环境相协调。

2007年，国务院对长株潭城市群和武汉城市圈两型社会综合配套改革试验区的建立给予了批复，两型社会建设正式与城市化联系在一起。

各城市作为两型理念的重要载体，纷纷制定了具有两型特征的城市发展战略和空间规划，作为两型社会建设的纲领性文件。规划包括空间规划、功能分区、生态系统构建等内容，涵盖领域较广，我们仅以节能减排为例，突出说明城投公司在促进两型社会建设中的重要作用。

城投公司可以利用融资核心能力在政府少涉及或不涉及的领域发挥重要作用。

我国从国家层面提出开展节能减排工作是在2007年,国务院制定《节能减排综合性工作方案》。这一层面的节能减排工作,无论从控制高耗能、高污染行业过快增长,还是加快淘汰落后生产能力和大力发展可再生能源,都是由政府主导产业发展结构的调整、项目组织模式的改变或者是节能减排产品的应用。经济转型前这些领域传统的投资主体就是政府,调整转型相对容易推进,组织工作相对容易实施。但对于政府少涉及或是不涉及的领域,城投公司仍可以通过自身投融资核心能力和示范效应在其中发挥重要作用。

节能减排需要大智慧

LED灯是近些年出现的相对成熟的节能照明技术,与传统的白炽灯相比,可节约用电90%以上,在市政和景观照明等应用领域具有很大前景。

LED灯的价格比白炽灯高出几倍,大规模应用到城市照明中将大幅增加财政支出,给财政带来一定的压力。但如果考虑使用全生命周期,LED技术在使用期内节约了大量电费,可以弥补前期增加的采购成本。所以LED灯广泛应用的关键问题在于解决前期投资的来源问题,以及如何利用使用期节约的电费,在全生命周期内平摊前期大额的采购成本,减少当期财政压力。

某地在新城建设路网系统中部分市政照明应用了LED灯,由城投公司作为融资和采购主体,并负责后期维护和更新工作。为了降低前期投入,城投公司与融资租赁公司签订采购协议,由融资租赁公司在市场采购,城投公司租赁使用;同时城投公司与市财政签订了市政照明养护协议,以租赁费用与LED灯用电费用之和为基础,核算出财政支付养护费用,成本仍低于传统白炽灯。上述操作实现了节能减排技术在城市的应用和推广,降低了财政支出,同时城投公司通过融资租赁方式承担LED灯采购任务,也避免了短期内增加融资压力。

上述案例中,城投公司实际上承担了"二传手"的角色,实现了两型转化过程中的利益链条的转变,减少高新技术应用对财政的冲击。城投公司充分利用政府信用,借助成熟的商业化模式引入了市场化金融机构，通过市场化方式实现了公司间的合作。目前，在一些地区的转型实践过程中，地方缺乏对政府采购利益链条的调整，仅是简单利用财政承担增加的前期成本。

建筑也低碳

建筑行业是碳排放刚性领域，最具有减排空间，试验已经证明建筑领域的低碳技术，可以实现在全生命周期的减排成本为负。也就是说，应用低碳技术和产品带来前期投资成本的增加，小于建筑物后期的使用成本和维护成本总和。但是要在这一领域全面探索应用低碳技术，并将其应用到商品住宅和商业地产领域，仍面临几方面的困难，一是建筑行业技术标准的建立，仍需要通过不断的实践探索和总结；二是缺乏转型的商业模式，在低碳理念和技术还不为消费者所全面认知时，低碳建筑后期的成本节约可能无法凸显出来；而采用低碳技术的房地产开发商，在初期可能面临投资成本加大，售价却难以增加或者后期维护成本降低水平不如预期的尴尬，即使探索成功，技术标准也将成为专利技术和商业秘密。

以某一个大型建设项目的方案设计为例，探索城投公司怎么发挥作用。在城市建筑领域，城投公司可以起到独特的作用。以某大型商业、办公综合开发项目为例，城投公司与开发商共同成立了项目公司，作为开发运作主体。城投公司利用资金优势，输出探索初期的风险承受能力，开发商输出商业管理能力。双方通过开发协议明确规定，共同引入技术进行整合实践，城投公司拥有技术标准推广应用的权利，开发商负责项目运营管理，后期项目运行成本节约以及其他收益在一定范围内优先满足开发商投资回报要求。

在此合作模式下，城投公司与开发商发挥各自优势，城投公司在探索阶段承担了常规市场机制下商业投资人不愿或无法承受的风险，也享有了新技术标准的所有权，为后期技术标准的制定，法规的形成和推广奠定了基础；而商业投资人的进入，弥补了城投公司在商业地产运营方面经验的不足，市场主体的介入也使商业模式的设计更容易。

经过一批住宅、商业地产、综合办公地产、酒店地产等项目的实践，建筑及房地产领域的低碳技术标准和法规将很快成型，一个行业的快速低碳转型指日可待。

城投公司的介入可以利用开发性金融特点和培育功能，与社会投资人共同探索转型技术产品的商业模式。

两型社会的全面实现，需要在市场和民用领域全面加强和推广对高新技术应用的社会认知，建立成熟的商业模式。但就目前的情况来看，依靠市场力量很难实现。究其原因，一方面是由于两型社会的探索、新技术的应用和新标准的推广本身具有很强的外溢效应，而市场资金都带有逐利特点，在商业利益面前，投资人主动作出公益性选择是不现实的；另一方面两型社会建设仍处在探索初期，未在全社会进行实践时，市场投资人自行投入探索新技术和新标准，将不可避免涉及专利、保密等问题，为全社会转型设置障碍。因此，作为链接政府与市场的纽带，城投公司的介入可以利用开发性金融特点和培育功能，与社会投资人共同探索转型技术产品的商业模式。

区域协调发展——需要线面结合

中国区域协调发展的口号已经提了很多年，社会各界也已公认，区域协调发展，是能够加速发展、各方共同受惠、平衡地区差异的方式。前些年，全国很多地方都提出过区域发展战略，如“XX 城市群”、“XX 一体化”“XX 同城化”等。但这些战略提法大部分仅仅停留在概念层面，变成了作秀的政治口号，有理念而少有成功。

区域发展规划可以形成区域间优势互补，促进区域协同演化和城市群建设。

近两年，国务院先后批复了一系列区域发展规划，目的是加强城市之间的产业联系，形成优势互补，促进区域协同演化和城市群建设，但我们看到的更多实际情况是，区域中各个城市借助国务院批复规划之势，闷头发展自己，区域和城市间协调完全停留在规划上。

区域规划无法落地无外乎两个原因，一是由于地方政府利益边界的藩篱阻隔，各地政府大都是各扫门前雪，甚至还有的把雪扫到别人家门口；二是由于缺乏统筹协调的机制，大家各干各的，不能形成合力，甚至还会形成无序竞争。

打破区域协调发展的困局，突破口可选择区域之间的“三不管”地带。在我国，处于两个或三个城市交界的地区俗称“三不管”地区。这些地区自身区位条件非常优越，不管从空间还是时间距离上，往往都与周边城市核心区距离很近，较容易借助各城市的优势资源，形成产业和居民的聚集，并通过自身的繁荣促进周边城市经济的融合。这类区域本应该是快速发展和优先发展的区域，但在现实中，很多边界区域反而是发展最慢的地区，任何相邻城市都不愿优先在边缘区进行投资，因为边界区域投资的外溢效应很可能被相邻的其他城市或地区所分享，而不能为自己独享，于是这些边界区域的乡、镇成了不同城市利益藩篱的受害者，长期得不到关注和发展。

另外，由于“三不管”地区的建设投资往往需要跨越行政区划，本地政府需要与相邻政府或其部门之间进行协调，由于缺乏上位的协调主体，平级单位之间很难达成一致，因此导致很多决策难以实施，很多项目被一拖再拖，这也是三不管地区发展缓慢的原因之一。

为了解决“三不管”地区的发展问题，就需要高层政府主管部门如省政府、直辖市的市政府等，发挥自上而下的领导协调作用，释放三不管地区乡镇和人民自下而上的发展动力。

区域协调发展“面整合”

某省内曾有一个地区，处于三市交界，生态环境和交通区位非常优越。长年来，由于各市都不愿在此投资，所以该地区基本还保留着解放前的面貌，只有一条高速公路过境，其他基础设施也极其落后。省政府充分认识到这一点后，将这片三不管地区交由省级部门下属的城投公司实行开发和经营托管。地区内各乡镇与这家城投公司签署合作协议，公司主要负责投资建设并获得区域初期阶段的开发收益，各地市在建立项目公司时参股，同时共享区域开发收益。该地区土地一级开发基本完成前，城投公司不再实行投资建设，而是引入社会投资人继续该片区的深度开发工作。城投公司转向与各市政府签署该地区的运营维护合同，承担区域产业发展培育者的角色，利用省级资源为该地区在全国范围内招商。目前该地区土地已基本熟化，并已经有部分企业入住，城投公司正考虑下一步如何完全退出该地区建设。

轨道交通建设项目也是典型的区域性项目，往往单线经过多个行政区。其极高的固定成本和运营成本，使得项目整体投资额巨大，同时由于轨道交通项目较强的社会公益性及低票价等因素使其不具备合理的收益，往往沿线地区在投资分配比例上不容易形成统一看法。

同时，轨道交通项目具有巨大外部效应。轨道交通可以显著改善区域的交通条件，加速沿线土地的升值，促进居住商业氛围的形成，加强了区域之间的联动。外部效应说明轨道交通建设产生的大部分经济价值流向了城市和社会的其他主体，因此轨道交通建设应该由高级层面政府统筹。

以长株潭轨道交通项目为例说明政府如何为实施主体建立补偿机制。

区域协调发展"线整合"

长株潭城市轨道交通线网由4条线路组成，线网总长度约150公里，设站38座，总投资估算约304亿元。项目建成后将使公众出行更加安全、便利、快捷，为公众提供高质量、高水平、低价格的公共交通服务。

长株潭城市轨道交通沿线征地拆迁由三市各自负责其境内部分；土建工程采用BT模式，工期暂定2009年至2013年。项目特许经营期为30年，PPP投资人通过票务收入及非票务收入收回投资并取得回报。

省政府和长株潭三市政府共同出资组建长株潭城市轨道交通建设公司作为项目的运作主体。三市政府按境内里程投资额分摊出资，最终以工程结算形成的资产确定省、三市政府股份。项目公司具体负责"BT+PPP"模式运作方案设计、招商、谈判、建设运营管理及省政府赋予的其他职责，公司运行费用按国家规定进入项目投资成本。

无论是两型社会建设，还是区域协调发展，抑或是其他中国经济转型重要战略，城投公司不再只是单个城市战略的载体，而是参与国家战略的实施主体，未来在中国城市化转型过程中城投公司将发挥重要作用。

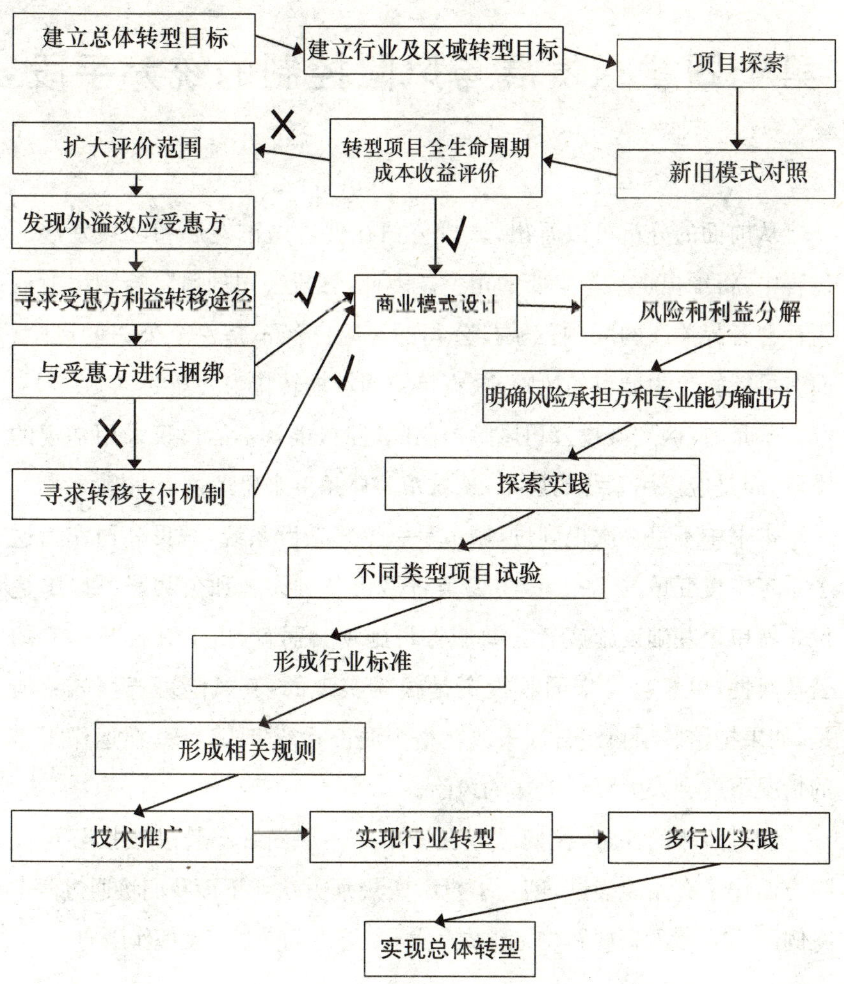

图 4—5　系统在工程化思想上的转型路径模式

第十四章　发展与风险控制的统筹手段

从前面的分析可以看出，城投公司在促进城市发展和区域发展的过程中，将承担越来越重要的角色。因此，城投公司的风险控制也就成为社会各界关注的问题。城投公司的风险已经不是一个公司的风险，而有可能转化为城市的风险，并直接或间接地转化为公众的风险。

于是，在谈到城投公司风险控制问题时，也就不能仅仅采用常规的手段，而是应该用系统的思维，从城市整体角度来思考这个问题。

本书中不只一次提到过，城市是一个复杂巨系统，城投公司作为这个系统中慢变量的干预者，主要负责城市基础设施和公共服务设施建设。就单个基础设施或者公共服务设施项目而言，由于其自身特有的公益属性，单靠自身来回收投资是很难实现的，其风险可想而知。但是，如果把这些项目组合起来放在整个城市系统里来考虑，在运作得当的情况下就会大大降低整体的风险。

经过多年的探索，我们已经在城市整体层面统筹管理城投公司风险方面作了有益的尝试，创立了投融资规划方法。下面我们将通过两个案例，来说明投融资规划在控制城投公司风险方面是如何发挥作用的。

新区开发——以价值实现为导向

大同市御东新区投融资规划

2009年，大同市经济建设投资公司（以下简称“经建投公司”）作为大同市御东新区开发建设主体，承担着建设资金的筹措及建设管理职能。截止2009年已投入20多亿元用于搭建新区路网框架，兴建安置房，为新区大规模开发夯实了基础。

新区大规模开发启动在即，经建投公司思索创新融资模式，以满足新区开发的融资需求。大岳咨询公司受聘为其提供咨询服务，编制御东新区开发的投融资规划。

大岳公司在详细调研现状的基础上，估算新区整体投资规模，设计了合理的开发时序，并基于对经建投公司财务状况的分析，合理安排新区各项目的资金使用及回收计划，设计出科学合理的融资模式。其融资模式是以开发单元为基点进行设计。把整个御东新区划分为十多个开发单元，每个开发单元依据以下标准进行划分：

(1)每个开发单元成为一个完整的功能片区，配套设施完善，可看作新区的一个缩影；

(2)每个开发单元的投入总额控制在一定额度内，以便于整体融资；

(3)每个开发单元的土地出让收入能弥补开发投入(至少能弥补基本的土地储备成本)，实现自平衡。

国开行在全面评估了御东新区的投融资规划后，对投融资规划成果表示认可，由此御东新区项目通过国开行贷款评估，成功进入开行项目库。

大同御东新区采取的融资模式是一种创新，其特点在于把整个新区划分成一个个功能完整的开发单元，通过保障每个开发单元的价值实现来完成对整个新区的风险管理。这种融资模式对于那些还在为新区融资所困扰的城投公司而言，相当有借鉴意义。

通过保障每个开发单元的价值实现来完成对整个新区的风险管理。

相对于老城区来说，新区的基础设施和公共服务设施的配套水平较低，甚至是从零开始。所以对于新区开发来说，最初的投入基本上都是用在基础设施和公共服务设施的建设上。对于一般规模的新区来说，该类投资将高达数十亿甚至上百亿，其最大的风险在于投入的资金无法实现其应有的价值。如果以单个设施或项目向金融机构融资，由于这些设施不会直接产生收益或收益较低，在金融机构要求项目应具有稳定现金流的情况下，则难以获得金融机构的认同；如果将整个新区整体打包向金融机构融资，投资回收期通常都会在10年以上，一般的商业金融机构也是难以接受的。

如果采取御东新区的做法，把新区划分成一个个合适的开发单元，则单个开发单元的投资额将会大大的降低。此外，开发单元还具有更多优势：一是开发周期短。与整个新区可能长达十多年的开发周期相比，每个开发单元的开发周期约3—5年，回笼资金较快；二是更易测算评估。每个开发单元内可出让用地的成熟度相似，收入容易评估，有利于从开发单元土地价值角度控制开发投入；三是投入与产出更匹配。把那些大型的辐射范围涉及整个新区甚至市区范围的项目单独考虑，其他项目成本分摊至开发单元内的项目服务于本单元，提升单元的土地价值，使投入与产出更匹配。

分割成开发单元的好处还不止这些。对于城投公司来讲，控制融资成本也是相当重要的，其中高峰投资额是一个重要的指标，应尽量降低高峰投资额，将其控制在合理范围内，最好的办法就是把区域的价值通过一个个开发单元来实现。开发一个单元，成熟一个单元。当单个开发单元的价值得到提升时，获得的土地供应收入又可以滚动用于更多开发单元的开发。如此一来，城投公司的财务风险将会大大降低。

当然，从整个新区开发来讲，还需要把握好开发时序，即合理安排各类设施建设和地块开发的时序。有一些设施不单独属于某一个开发单元，而是横跨多个开发单元，如城市快速路，其辐射范围甚至超出了整个新区。这些项目应优先安排实施，以有效提升周边地块的土地价值。在土地价值得到提升后，再出让土地，通过获取土地增值收益积累用于城市建设的资金，以推动项目的滚动开发。

城市更新——量入为出的战略实施

黄山市中心城区投融资规划项目

黄山市城市建设投资（集团）公司作为黄山市政府城市基础设施建设的“融资总渠道、资金总账户、项目总监管”，采取主动措施化解风险和压力，探索出了城市投融资体系建设的经验和做法，用落实统筹、深化协调的办法有效地把握住投融资的大局，协助城市政府进行城市建设投融资。

黄山城投此次聘请大岳咨询公司进行投融资咨询的项目是较新城开发更为复杂的旧城改造项目，同时涵盖了旧城改造和城市空间随城市发展向外正常演进过程。与新城开发项目相比，旧城改造项目的投融资规划不只是要进行资金分析预测和安排建设时序，它一方面要对用地现状特别是已建成设施进行摸底，另一方面，无论是待建设项目还是待供应地块，都有可能需要置换或拆迁。因此，与新城开发的投融资规划工作相比，旧城改造项目需要盘整的城市资源更加广泛，更容易出现"牵一发而动全身"的问题，各相关利群的利益更加难以平衡。

黄山城投作为市本级城建资金的蓄水池，要统筹考虑的资金来源多、数额大，其中债务融资的还本付息也需要衔接到未来的投融资规划当中。

——摘自《建好投融资平台完善城市投融资体系》，中国建设报，2008年10月30日

如今，在城市扩张的同时，中心城区的城市更新也已经渐成趋势，城投公司统筹的该类项目也越来越多。

城市更新项目应量入为出，对所有项目分门别类进行风险管理。

城市更新项目不同于新区开发项目：首先，由于城市中心区的建成项目较多，权属比较分散，所以涉及到的利益主体更多，协调难度更大，工期难以保障；其次，由于中心城区的征地拆迁标准较高，导致城市更新的单位成本要远远大于新区开发；另外，由于中心城区的土地资源有限，且对公共配套服务水平的要求更高，因此有可能导致用于商业开发的建设用地较少，难以承担城市更新的成本。城市更新项目如何统筹建设、如何控制风险？最好的办法的就是量入为出，对所有项目分门别类、逐个分析，结合城市战略、项目特性对各类项目进行风险管理。

就黄山城投所统筹的中心城区改造类项目而言，我们根据不同项目的性质进行重新包装与组合，划分成以下三类项目：

第一类项目是与城市战略密切相关的项目。这类项目大概有1—2个，对城市整体价值的提升作用非常明显。黄山市提出，要在未来若干年内打造“现代国际旅游城市”。为此，黄山市采取了一系列举措，其中的一项重点工程就是由黄山城投负责的新安江综合开发工程，包含“新安江延伸段综合开发项目”和“新安江上游段综合开发工程”。二者投资额均比较大，其中新安江上游段综合开发工程总投资就达到了20亿元。这种项目的开发，对城市整体价值的提升有着非常重要的作用，但单个项目无法实现资金平衡。

第二类项目是提升片区价值的项目。这类项目一般有土地可以承载项目的开发成本，投入产出基本上能实现平衡。例如，黄山城投承担了高铁站前新区基础设施建设任务，包括土地征地拆迁补偿安置、道路、非经营性管网、站前广场等设施建设。这些投资成本可以均摊到站前新区的净地上，通过净地供应来回收投资，实现投入产出的平衡。

第三类项目主要是一些民生工程。这类项目包括道路扩建翻新、市民中心、公园改造及新建项目、市容环卫改造等。这些项目对城市环境的改善、人民生活质量的提高都有益处，但其自身几乎不能产生任何收益，也没有土地等资源可以承载其投资成本，属于纯公益性项目。

根据上述三类项目投入和产出的特性，分别对其设计盈利模式。第一类项目有一定的经营收益，应优先考虑采用市场化手段融资，如果经过测算发现其收入不足以弥补其投入，则不足部分可采取财政补贴的方式。第二类项目自身投入产出能实现平衡，比较容易处理，其盈余部分可以用于其它两类项目建设。第三类项目有投入、无产出，则只有靠财政税收予以支持。

经过分类处理，每个项目都包装和构建出了比较清晰的盈利模式，风险被限制在可控制范围之内，在向政府争取政策支持时就更加容易，在向金融机构争取贷款时候也更有说服力。事实上，在黄山城投做完投融资规划以后，当地金融机构就已经主动与其接洽协商贷款事宜。

投融资规划——系统风险控制的新实践

在上述两个案例中，可以看出投融资规划是创新城市建设管理的一种技术，它是以城市规划为基础，以科学落实城市发展战略为目标，以系统工程的统筹兼顾方法为手段，以城市开发所涉及的土地储备和供应及各类基础设施、公共服务设施、公益设施项目的投资、融资、建设工作为统筹对象，其输入为政策、法规、资源、资金等，输出管理体制设计、参与主体分工机制建立、参与主体利益平衡、各类建设时序安排等。

投融资规划是创新城市建设管理的一种技术。

投融资规划除了可以运用于城市新区开发项目、城市更新和城市功能提升项目中，还可以运用于产业园区开发、大型综合开发项目等。这些项目作为城市发展的重点工程，城投公司在其中担当着关键角色。利用投融资规划方法，可以站在整个城市系统的层面，为这些项目谋划出投入和产出平衡的盈利模式，把风险限制在可控范围内，对城投公司融资大有裨益，有利于推进城投公司健康稳定发展，更有利于城市战略的实现。

第十五章　改良基因塑未来

在本书中，我们试图从中国经济社会发展的历史着手分析城投公司，但是并无意去解释历史，更不想把对这一群体的认知定格在今天，而是期望面向未来，对城投公司这个独特群体的发展前景有一个客观和理性的判断。

对于城市，发展是永恒的主题，不断地打破瓶颈是实现发展的手段。“变”是发展的常态，但是变不意味着摇摆不定，我们不想透过繁冗复杂的宏观经济数据去预测不确定的未来，这种预测也没有太大的意义，并不能帮助我们做好定位，城投公司要实现可持续发展，要在变与不变的辨证中找到自己的价值基点，应对不确定的未来。

市场机制的培育者——开启大并购时代

目前市场机制的不完善，使得构成城市承载力的基础设施和公共服务设施等构成了城市发展慢变量。同时，由于城市处于快速发展阶段所带来的不确定性，使这些本应稳定的行业变成了高风险行业。推动这些行业的投资落地，是当前各个城市的共同战略之一，也成为城投公司的核心业务范围。随着中国城市化进程的不断深化和城市本身的成熟，这些领域蕴含的发展风险将逐渐得到释放，并退出城市战略的范畴，而其市场价值将进一步显性化。届时，城投公司再把这些资产抓在手里不放将变得毫无意义。

因此可以预见的是，随着这些领域社会投资人进入的门槛越来越低，这些城市资源价值的二次释放需求，必然伴随着专业化的趋势走向一个大并购时代。专业化主要体现在两个层面上：一类是经营对象的专业化。这些市场主体主要从事市政公用事业投资、建设和运营，如水务集团、燃气集团、环保公司等；另一类是运作模式的专业化。这些主体针对城市建设经营开展的诸多业务构建了清晰的商业条件和盈利模式，如工业园区开发等。

专业化是行业价值提升的必然要求，可以最大限度挖掘行业的生产效率和利润。在这一阶段，这类城市资源的地域性垄断将逐渐被市场化趋势下的行业性垄断所替代，出现行业整合，提高资源的利用效率。其中，一部分城投公司将分化出一部分市场主体走上基础设施和公共服务设施行业并购的舞台，成为这个舞台上并购的直接参与者；另一部分城投公司则选择退出，将这部分资源推向市场。专业化的变革又将使城市价值得到第二次提升。

专业化是行业价值提升的必然要求。

目前，已有社会资本开始做出这方面的探索，行业并购的态势已经初现端倪，但大的浪潮还未到来，我们预计，将会在未来十到十五年左右迎来城市基础设施和公用服务设施行业的大并购时期。

行业并购态势初现端倪。

城投公司失去了原有城市资源并不代表不再支持城市发展。城投公司始终以落实城市战略作为自身使命，每当中国的市场化改革遇到瓶颈，旧有的经济模式就面临着新的探索任务。城投公司作为城市发展的风险投资者，市场机制的培育者，有责任帮助市场主体进入新的领域，不断培育市场化新行业，也为自己对城市发展的风险投资找到退出的渠道和应有的回报。

经济转型的探路者——承载赶超战略

中国的内在发展诉求和所处的外界环境决定了中国经济必须转型，必须实现可持续发展。国家宏观层面对国家经济转型提出了若干提法，第一是两型社会的建设，实现资源节约和环境友好，加快发展低碳经济;第二是城乡统筹发展,促进城乡经济社会协调发展,实现城乡一体化;第三是区域协调发展,打破原有的行政界线,因地制宜。这三种乃至更多蕴含科学发展观的经济社会发展理论构成了中国经济转型的战略。

转型是中国经济发展的根本演进模式。

城投公司具备成为转型过程引路者的资质。

同时应该注意到,这些转型的提法只是阶段性的目标,转型本身才是中国经济发展的根本演进模式。转型就意味着对既有模式的否定和对未经验证的新模式的探索,必然面临阻力和风险,经济转型的不确定性和外溢性同时为市场化改革蒙上一层阴影。如果将转型的任务交由市场自行探索,将耗费更长的时期,而中国要实现经济增长和转型的双重目标,要实现中国的赶超式战略,必须在实践层面找到战略的转化器,来弥补单纯市场机制的不足。城投公司具备了担当这一时期引路者的所有资质,城投公司如果能够把握并发挥自己的价值,将会在经济转型过程中发挥长效的和杠杆的作用。

城市经济稳定器——探索调控新模式

随着全球经济一体化的深化,中国对全球性经济波动也越来越敏感。然而,中国采用的宏观调控政策和措施主要借用西方经济学的理论与方法,在现阶段,调控明显呈现出短期化的特点。西方的经济学理论自始至终是在市场化体制下建立起来的,而中国经济还处在从计划体制向市场经济体制转变的过程中,西方经济手段应用到中国的经济调控中作用并不尽如人意,加之西方市场经济体系本身就存在和表现出诸多严重缺陷,使得我们也很难把西方经济体系作为我国的终极目标。探索一套有中国特色的经济理论体系,是很多有识之士正在努力的方向。

当前,中国经济和社会发展的第一要务是稳定,当然这里说的稳定是相对的稳定,不是绝对的稳定。虽然中国经济总量已经排在了全球第二位,有一定抵御危机的能力,但是作为中观层面的城市,抵抗能力相对较弱。城市经济的不稳定将对城市的经济、就业造成巨大冲击，最终受害的是广大民众。因此城市需要载体，在宏观经济发生波动时，可以稳定经济和社会，避免极端的冲击。

城投公司作为国家投融资体系中端层面的实体，成为了国家宏观经济膨胀和萎缩时地方调控的有效延伸。金融手段对于防范经济危机的作用越来越重要，城投公司作为城市资金的蓄水池，承担着经济反周期干预者的角色，对上承载着国家的宏观调控政策，对下有效防止民生的剧烈波动。

城投公司成为国家宏观经济膨胀和萎缩时地方调控的有效延伸。

城投公司的存在使得我们看到了完善和丰富我国经济调控手段的潜在新途径，也许随着以城投公司为核心的地区开发性金融这一中间环节的建设，能够补强中国经济反周期投资环节中的重要一环。

把持价值基点——以不变应万变

我们对城投公司定位的出发点与当前形势可能存在一定程度的差异。社会更关注地方融资平台的风险控制问题，但应该说，目前的债务风险是过去地方政府对城投公司的定位单一化和功利化导致的。一方面，城投公司只承担地方城建项目的融资职能，另一方面，地方政府对城投公司使用不当，过于注重融资而培育不足，这也是由中国特有的经济发展阶段决定的。因此城投公司目前的状态，并不全是城投公司自身造成的，而是中国特定经济模式的产物。

城投公司目前的状态是中国特定经济模式的产物。

中国自始至终与西方处在不同的发展路径。中国成功避免了东欧计划经济改革硬着陆带来的伤痛，正是因为中国采用了一种渐进式的改革方式，实现了经济体制改革的软着陆。因此，中国必须在发展中解决城投公司问题，通过对经济发展基因的改良，影响未来的城市和经济形态。

城投公司需要重新定位并把握自身的价值基点。

各地方政府要对城投公司进行重新定位，城投公司同时要把持自身的价值基点，认识到自身独特的价值，以不变应对时代、社会环境和科学技术水平的变迁。

我们大胆预言,如果有一个好的定位和发展环境,城投公司可以成为我们寄托城市发展理想的生力军和中国经济最有创新价值的基因。